Sigrid Weiner

Der Islam

Einführung in
Religion – Kultur – Brauchtum

Auer Verlag GmbH

Gedruckt auf umweltbewusst gefertigtem, chlorfrei gebleichtem und alterungsbeständigem Papier.

1. Auflage. 2002

Bilderteil: Vera Krause
Ornamente: Elisabeth Brigitta Harter, Istanbul
Illustrationen: Kirsten Straßmann
Gesamtherstellung: Ludwig Auer GmbH, Donauwörth
ISBN 3-403-0**3665**-0

Inhalt

Vorwort

Mehr als 3 Millionen Muslime verschiedener Herkunftsländer leben in Deutschland. Obwohl sie seit über 30 Jahren in unserer Nachbarschaft wohnen, ereignen sich auch heute noch erste Begegnungen zwischen Christen und Muslimen. Was wissen wir von ihnen, ihrem Glauben, ihrer Kultur, ihrer konkreten Lebensweise?

Weltliches und religiöses Leben sind im Islam nicht in der Weise zu trennen, wie es uns in unserer westlichen Denkweise vertraut ist. Jede Generation wächst in Überlieferungen, in Bräuche und Traditionen hinein, die das Leben zwischen den Generationen bestimmen und als Selbstverständlichkeit praktiziert werden. Die Umstellung auf westlich-europäische Wertvorstellungen würde in vielen Dingen einen abrupten Bruch mit einzelnen religiösen Prinzipien bedeuten – für gläubige Muslime ein nicht vorstellbares Ansinnen. In den Gastländern, auch in Deutschland, kam und kommt es mitunter zu Disharmonien im Zusammenleben, die meist weniger auf beabsichtigtes Fehlverhalten denn auf unterschiedliche Gewohnheiten im Lebensvollzug zurückzuführen sind. Es sollte politisches wie erzieherisches Bestreben sein, muslimischen Mitbürgerinnen und Mitbürgern bei der Gestaltung einer Lebensform behilflich zu sein, die es ihnen ermöglicht, ihre religiösen Gepflogenheiten mit europäischer Lebensweise in Einklang zu bringen. Wer dieses Bemühen unterstützen will, muss verstehen, was den anderen bewegt.

Leserinnen und Leser, die eine genaue, beschreibende Darstellung des Islam suchen, finden in diesem Band ebenso eine passende Lektüre wie all jene, die darüber hinaus die spirituelle Dimension dieser zweitgrößten Religionsgemeinschaft der Erde näher kennen lernen wollen. Dabei soll nicht nur über Lebens- und Glaubensinhalte informiert, sondern auch zur persönlichen Anregung und Bereicherung der Lesenden geführt werden. Erläutert wird in der Weise, wie Muslime selbst in der Familie, im Religionsunterricht oder in der Koranschule lernen. Diese selten zugängliche, faszinierende Sichtweise ist gewählt, um in wertneutraler, nicht politisierender Darstellung eine echte Einführung zu ermöglichen, die den Leserinnen und Lesern eine vorurteilsfreie Annäherung erlaubt.

Seit den mutmaßlich radikal-islamisch motivierten Terroranschlägen vom 11. September 2001 auf New York und Washington vergeht kein

Tag, an dem wir über die Medien nicht in irgendeiner Form mit „dem Islam" konfrontiert werden. Längst sind Vorurteile und Empfindungen des Misstrauens und der Furcht vor einer Umklammerung der westlichen Welt durch den Islam erwacht. Diesen Ausführungen wäre größter Erfolg beschieden, wenn sie ungerechtfertigte Vorurteile abbauen und einem Weg der Verständigung dienen könnten.
Der Koran, im Glauben der Muslime das authentische Wort Gottes, besitzt unbestrittene Autorität und bildet die absolute Mitte des Islam. Darum werden die Ausführungen dieses Bandes stets auf einzelne Koransuren rückbezogen und das heilige Buch somit zum Knotenpunkt der Kapitel. Auch die mit besonderer Autorität versehenen Traditionen von Sunna und Hadith werden herangezogen. Da der weit größte Teil der Muslime in Deutschland seine Wurzeln in der Türkei hat, sind die ausführlichen Erläuterungen des alltäglichen Brauchtums immer wieder türkisch akzentuiert, der gesamtislamische Zusammenhang gerät dabei aber nie aus dem Blick.

Sigrid Weiner, im März 2002

1. Gott

Als monotheistische Religion erkennt der Islam den *Einen* Gott an, den Schöpfer aller Dinge, der in dieser Welt kein Ebenbild besitzt, von Ewigkeit gekommen ist und in alle Ewigkeit währen wird, der – ohne Bedürfnisse im menschlichen Sinne – nicht gezeugt wurde und niemals zeugen wird, der allein erschaffen, bestehen lassen und vergehen lassen kann, der alles hört, alles sieht, der allwissend ist. Kein Vorgang wird ohne seine Einwilligung ausgelöst, ihm bleibt nichts verborgen.
Als das edelste, komplizierteste Wesen seiner Schöpfung hat Gott den Menschen geformt, hat ihn mit Herz und Sinnen ausgestattet; er gab ihm den Verstand. Diesem Menschen bewies er seine große Liebe, indem er die Erde mit ihrer umhüllenden Atmosphäre, indem er Sonne, Mond und Sterne, Pflanzen, Tiere und Materie zu dessen Nutzen schuf. Durch seine unendliche Gunst und Gnade schenkt er ihm immer wieder seinen wohltätigen Segen. Sein Name ist, nach Herkunft aus der arabischen Sprache, *Allah* (= der Gott schlechthin). Ihm allein gebührt göttliche Lobpreisung, zu ihm allein beten die Gläubigen. Da ihn noch niemand schauen durfte und seine Existenz mit den Möglichkeiten menschlicher Vorstellungskraft nicht zu beschreiben ist, darf es auf Erden kein Bild von ihm geben. 99 Eigenschaften sind ihm zugerechnet; sie sollen seine einzige, erhabene Größe bezeichnen.
Muslimische Männer und Frauen bewegen in ihren Händen gerne Gebetsketten mit Perlen von unterschiedlicher Größe und unterschiedlichem Wert, die leise klirrend freundschaftliche Diskussionen oder geruhsame Meditationen über Wasserpfeife und Teeglas begleiten. Sie sind nicht eigentlich als beruhigendes Fingerspiel gedacht; die Gläubigen sollen vielmehr die 33 Perlen der Kette jeweils dreimal durch die Finger gleiten lassen, um dabei zu Gottes Lob dessen Prädikate zu murmeln.

2. Islam

Von der Bedeutung seines Gehaltes her meint das Wort *Islam* „Ergebung, Hingabe, Unterwerfung, Gehorsam" – aber auch „Frieden". Von einem Anhänger wird als oberste Bedingung Gehorsam gegenüber Gott in Gedanken, Worten und Handlungen, die Unterordnung unter den göttlichen Willen erwartet. Als Selbstverständnis sollten die Gläubigen ihr eigenes Sinnen und Streben mit den Geboten des höchsten Wesens in Einklang bringen können. Dergestalte Harmonie vermag dem Menschen innere Befriedigung und Ruhe zu vermitteln und ihm jenen Frieden schenken, der letztlich nur aus der Hingabe an Gott entspringt.

3. Muslim

Ein Mensch, der bereit ist, den im Islam von Gott vorgezeichneten Weg zu beschreiten, muss zunächst anerkennen, dass Allah der einzige Gott ist, und dass dieser Gott dem Propheten Mohammed seinen Willen offenbart hat. Wer den Glaubenssatz „Ich bezeuge, dass es außer Allah keinen Gott gibt, und ich bezeuge, dass Mohammed sein Diener und sein Gesandter ist", nicht nur aussprechen kann, sondern auch innerlich bejaht, der kann in die Gemeinde der Gläubigen aufgenommen werden. Diesen Glaubenssatz nennt man im Arabischen *Schahada* (= Bekräftigung/Bestätigung), was sinngemäß das „Zeugnis über die Existenz der Einheit Gottes" bedeutet. Für eine Konversion genügt es, dieses Bekenntnis vor zwei berufenen, gläubigen Zeugen auszusprechen. Ein männlicher Anhänger des Islam heißt *Muslim*, eine Frau ist eine *Muslima* (Plural männlich und weiblich *Muslime*). Vermeiden sollte man die Bezeichnung Mohammedaner; denn der Islam betont dezidiert, dass seine Gläubigen allein Allah als Gottheit anerkennen, nicht aber den Propheten Mohammed. Er wurde zwar von Gott zum außerordentlichen Gesandten ausgewählt, blieb aber trotz göttlichen Auftrags Mensch. Man ist also nicht Anhänger Mohammeds, allein Allah steht im Mittelpunkt.

Nach Ansicht der Gläubigen kommt ein jeder als Muslim auf diese Welt. Einer bestimmten Zeremonie zur Aufnahme in die Religionsgemeinschaft bedarf es nicht. In manchen Familien spricht man über dem Neugeborenen, das sich noch nicht aus eigenem Willen äußern kann, den oben genannten zentralen Glaubenssatz. Die Eltern bezeugen hier für das Kind, dass es auf der von Allah vorgezeichneten, rechten Bahn durchs Leben gehen wird.

Muslime sollten auch am Ende ihres irdischen Daseins bewusst als Diener und Dienerinnen Allahs aus dem Leben scheiden. Ihre letzte verbale Äußerung sollte ebenso der Glaubenssatz sein. Sind sie in Agonie dazu nicht mehr fähig, so murmeln die Angehörigen noch einmal jene Worte über den Sterbenden, die für sie jederzeit Treue und Gehorsam bedeuteten.

4. Die Propheten

Im Lauf der Menschheitsgeschichte wählte Gott wiederholt charakterfeste, geistig hoch stehende Männer als Sprachrohr seines Willens, als Verkünder seiner Gebote und Verbote aus. Unbestechlich und lauter zeichneten sie sich durch fehllosen Lebenswandel und beispielhaftes Verhalten aus. Ihr Auftrag bestand darin, auf den *Einen* Gott hinzuweisen, dem allein mit Gehorsam und Anbetung zu dienen ist, und seine Offenbarungen an ihre Mitmenschen weiterzugeben. Adam als erster Mensch wird im Islam gleichzeitig als erster Prophet geachtet, ihm folgt eine lange Kette von Boten göttlicher Sendung. Sie genießen gleichmäßige Ehrung als herausragende Persönlichkeiten, erfahren aber keine Anbetung. Eine Sonderstellung bezieht nur Mohammed, weil er für die letzterwartbaren Offenbarungen in dieser Welt ausgesucht wurde und damit auch der letzte Prophet bleiben wird; das brachte ihm den ehrenden Beinamen „Siegel der Propheten" ein.
Vieren dieser Gottesmänner haben wir schriftlich niedergelegte Offenbarungen zu verdanken. Mose mit seiner die zehn Gebote enthaltenden Tora gilt als der Gesetzgeber; David mit seinem Psalter wird als der Lobpreisende bezeichnet; Jesus, dessen Leben und Offenbarungen im Neuen Testament zusammengefasst sind, erfährt Anerkennung als Prophet der Nächstenliebe; Mohammed schließlich erhielt als Werkzeug Gottes alle Weisungen für den Koran, jenes letzte heilige Buch, das die abschließenden göttlichen Offenbarungen enthält. Tora, Psalter und Neues Testament gehen dem Koran voraus, sind mit in die Grundlagen des Islam einbezogen. Das einzige Buch jedoch, dem Muslime vertrauen sollen, ist der Koran.
Die vier Buch-Propheten äußerten in ihren Schriften keine seherischen Voraussagen; sie waren zur Verkündigung von Gottes Wort ausgesucht. Sie waren nicht Vorhersager, sondern Hervorsager; deshalb heißen sie auch *Gesandte.*

5. Das Leben des Propheten Mohammed

5.1 Die Arabische Halbinsel in vorislamischer Zeit

Die Lebensbedingungen in Arabien waren im 6. nachchristlichen Jahrhundert, da der letzte Prophet geboren werden sollte, eher bedrückend. Klima, Bodenbeschaffenheit und Wasserarmut ließen der Landwirtschaft wenig Möglichkeiten zur Entwicklung, die Anzahl der Dörfer mit Sesshaften war gering. Die Beduinen zogen als Nomaden mit ihren Zelten, mit ihren Ziegen, Schafen oder auch Kamelen – immer auf der Suche nach spärlichem Graswuchs – von Weideplatz zu Weideplatz. Die Sitten waren rauh. Überfälle auf die mit reich beladenen Tieren die Wüste durchpflügenden Karawanen oder Wegzölle für die begleitenden Handelsleute, die durch Zahlungen Angriff und Beraubung zu entgehen hofften, sollten den kümmerlichen Lebensstandard heben. Als Regenten agierten die Stammesfürsten, deren Gelüste nach Vormachtstellung manch blutige Fehde anzettelten. Der Loyalität ihrer Untertanen durften sie sicher sein; denn Untreue oder Ungehorsam konnten mit dem Tode bestraft werden.

Ein Leben galt wenig. Von aufbrausender Wesensart, verursachten die Menschen jener Tage manchen Totschlag, was wiederum Jahre währende Familienfehden auslösen konnte.

Unzulängliche Ernährung, mangelnde Hygiene, fehlende medizinische Versorgung und ständige kämpferische Auseinandersetzungen senkten die Lebenserwartung, vor allem die der Männer. Die Folge war ein spürbarer Frauenüberschuss, der den Wert des weiblichen Bevölkerungsteils gering einschätzen hieß. Abhilfe versuchte man durch eine abwegige Bevölkerungskontrolle zu schaffen, indem neugeborene Mädchen im Sande verscharrt wurden. Die freie Wahl des Partners für eine monogame Ehe wurde nur Mädchen aus Familien mit Ausnahmestellung zugestanden. Polygamie und Ehen auf Zeit räumten den Frauen kaum Rechte ein, von jedweder Erbfolge waren sie ausgeschlossen.

Die Oligarchie der mehr oder minder wohlhabenden Kaufmannssippen in jenen wenigen Städten, in denen die Karawanenstraßen zusammenliefen und der Warenaustausch zwischen Orient und Okzident stattfand, wachte zwar über einem zivilisierteren Lebensstil; jedoch gesellte man auch in diesen Großfamilien der Gattin vorzugsweise Sklavinnen als Nebenfrauen bei, gaben sich die Männer Alkohol und Glücksspiel hin, verursachten Wucherzinsen disproportionierte Besitzverhältnisse. Die Denkweise war nüchtern, mehr auf das Überleben und den Eigentumserhalt ausgerichtet als auf Mystizismus. Ungeeint wie das Stammesleben war auch die religiöse Einstellung der Bewohner. Neben wenigen Christen mit unsicheren Glaubensvorstellungen und streng gesetzesgläubigen Juden beherbergte das Land seinerzeit noch die Hanifen, eine Gruppe von Gottsuchern, die ihren monotheistischen Kult auf den Propheten Abraham und seine Ein-Gott-Lehre zurückführten. Gleich den christlichen Mönchen suchten sie den Höchsten in der Einsamkeit der Wüste. Sie vertraten die Meinung, dass Abraham zusammen mit seinem Sohn Ismael die Kaaba zu Ehren des *Einen* Gottes errichtet habe, mussten jedoch mit ansehen, wie dieser Tempel von den Götzendienern beansprucht wurde. Das Heidentum mit seiner Anbetung der Gestirne, seiner Adoration von Wesen, die der Natur innewohnten – vorzugsweise solchen aus Holz und Stein –, war vor allem unter den Beduinenstämmen weit verbreitet. Die Kaaba mit ihrem schwarzen Stein animierte sie einmal im Jahr zur Wallfahrt. Bei diesem Stammestreffen großen Stils, das dank eines „Gottesfriedens" jegliche Händel nicht nur innerhalb, sondern auch außerhalb der heiligen Bezirke verbot, beschränkten sich die Teilnehmer nicht allein auf die religiöse Ausübung, sondern sie verbanden damit Warenmessen und Heiratsmarkt. Beim Treffen mit Freunden hofften sie auf den Austausch von Neuigkeiten, beim Wiedersehen mit Feinden auf die Beilegung von Zwistigkeiten. Sie lauschten Erzählern, Dichtern und Sängern und vermehrten in wochenlangem Aufenthalt das Vermögen der Gastgeber, der mekkanischen Händler, Handwerker und Gastwirte.

5.2 Die Kindheit und Jugend des Propheten

In dieser Situation erblickte der spätere Prophet Mohammed (arabisch *Muhammad*) um das Jahr 570 christlicher Zeitrechnung in Mekka das Licht der Welt. Der Islamische Katechismus gibt das Datum mit dem 20. April 571 genau an. Der Knabe wurde der Familie Haschim aus dem Stamme Kuraisch in die Wiege gelegt. Zum Zeitpunkt seiner Geburt dachte niemand über eine Individuation des Neugeborenen nach, vielmehr konnte man erwarten, dass er über die Anpassung an die Stammesgesetze eines Tages in deren Sinne denken und handeln würde.
Sein Vater Abdullah, den man mit Amina, der Tochter eines Stammes-

fürsten aus Jathrib, dem späteren Medina, verheiratet hatte, konnte seinen Sohn nicht mehr in die Arme schließen. Von einer Handelsfahrt nach Damaskus zurückkehrend, war er in Jathrib erkrankt und noch zwei Monate vor der ersten Niederkunft seiner Gattin verschieden. Der Großvater Abdul Muttalib gab seinem Enkel den Namen *Muhammad* (= der Gepriesene).
Die Sitte bestimmte es seinerzeit, die Säuglinge der angesehenen Familien einer Amme zu übergeben. Amina fand eine Beduinenfrau namens Halima, die sich des Kleinen annahm, ihn gebührend umsorgte und in ländlicher Umgebung zu einem gesunden Jungen heranwachsen ließ. Sein Alltag unterschied sich in nichts von dem anderer Kinder.
Als Sechsjähriger wurde Mohammed in die Obhut seiner Mutter zurückgebracht, die sich bald darauf zu einem Verwandtenbesuch nach Jathrib aufmachte, um dort ihrem Sohn die Sterbestätte des Vaters zu zeigen. Nach der Rückkehr verstarb auch sie, und Mohammed wurde der Fürsorge seines Großvaters Abdul Muttalib übergeben, der sich seinem Enkel wohl in Liebe zuwandte, seine Schwiegertochter Amina jedoch auch nur um zwei Jahre überleben durfte. Schließlich wurde der Achtjährige in die Familie seines Onkels Abu Talib aufgenommen. Wo man ihn zusammen mit den eigenen Kindern erzog.
Die Familie Abdul Muttalibs war wenig begütert, was die kümmerliche Erbschaft von einem kleinen Haus, einer Sklavin und wenigen Tieren bewies, die sein Sohn Abdullah Frau und Kind hatte hinterlassen können. Auch Abu Talib führte einen harten Kampf um das tägliche Brot, ein Streben, das nicht einmal genügend Mittel zeitigen konnte, seine Nachkommen durch einen geeigneten Lehrer unterrichten zu lassen. So wuchs Mohammed, gleich der Kinderschar seines Onkels und Pflegevaters, als Analphabet in die Pflichten eines Arabers hinein. Auf der Weide lernte er die Betreuung der familieneigenen Herde und auch der Tiere der Nachbarn – eine Tätigkeit, die von der selbstbewussten, erfolgssüchtigen Kaufmannsgilde gering bewertet wurde.
Die Überlieferung zeichnet den Heranwachsenden als einen verträglichen, klugen, allseits wohlgelittenen jungen Mann von angenehmem Äußeren.
Als Jüngling verließ er die Obhut seiner Verwandten und trat in den Dienst einer hoch angesehenen Witwe, Hadidscha mit Namen, die nach dem Tod zweier wohlhabender Ehemänner ihr Handelsunternehmen in eigener Regie betrieb. Der junge Haschimit begleitete die Kara-

wanen seiner Arbeitgeberin und fiel ihr durch seine Umsicht und seine angenehme Wesensart auf. Als er 25 Jahre alt war, ließ die vierzigjährige Hadidscha erkennen, dass sie einer ehelichen Verbindung nicht abgeneigt sei. Die Heirat kam trotz heftiger Bedenken der Umgebung zustande, trotz unkender Voraussagen wurde die Ehe überaus glücklich und mit drei Söhnen und vier Töchtern gesegnet. Leider blieb das Paar nicht von dem Leid verschont, seine Söhne ins Grab sinken zu sehen. Nach dem Ableben der Mutter verstarben noch drei Töchter. Nur Fatima überlebte den Vater.

Das Ansehen Mohammeds stieg mit zunehmendem Alter, seine Stimme gewann an Gewicht. Eine Legende berichtet, dass er ob seines Gerechtigkeitssinns zur Schlichtung von Streitigkeiten aufgerufen worden sei. So erschienen eines Tages Instandsetzungsarbeiten am würfelförmigen Bau der Kaaba notwendig. Die verschiedenen Sippen beteiligten sich an dem Vorhaben und verharrten in friedlicher Kooperation, bis der von Abraham gestiftete Schwarze Stein wieder eingesetzt werden sollte – eine Ehre, die jede der mekkanischen Familien gerne für sich in Anspruch genommen hätte. Vom Wortwechsel kam es zum Streit, und dieser Streit drohte nach fünf Tagen in eine handfeste Auseinandersetzung abzugleiten. Da näherte sich Mohammed der Baustelle, und man bestellte ihn zum Schiedsrichter. Er befahl, eine große Decke herbeizuschaffen und auszubreiten. In deren Mitte legte er den Stein. Dann forderte er die Stammesältesten auf, anzupacken und die Decke gemeinsam zu jener Ecke des Gebäudes zu tragen, in der der Stein seinen Platz finden sollte. Mohammed selbst hob ihn hoch und legte ihn schließlich an Ort und Stelle. Diese weise Entscheidung besänftigte die Gemüter, der Friede kehrte unter die Beteiligten zurück.

5.3 Die Berufung

Auf seinen Reisen kam Mohammed mit den verschiedenen Glaubensrichtungen in Berührung. Christliches und jüdisches Gedankengut waren bis zu seinem Aufenthaltsort gedrungen. Als sorgenfreier Gatte einer etablierten, tüchtigen Geschäftsfrau blieb ihm neben seiner Mithilfe bei deren Unternehmungen genügend Zeit, sich Gedanken über das weltliche und religiöse Gebaren seiner Mitmenschen zu machen.

Seine Grübeleien fielen in eine Zeit, in denen eine dekadente Gesellschaft mit den Methoden der Besitzmehrung nicht sehr wählerisch war, da man Armen oder Außenseitern wenig Beachtung schenkte und man sich der Befriedigung sinnlichen Verlangens nur zu gerne hingab. Wohl trafen sich jährlich die Wallfahrer bei der Kaaba; jedoch gedachte man dort kaum mehr des Einen Gottes, sondern hatte etwa 360 Götzen zur Verehrung aufgestellt. Auch dürfte das Handelstreiben, das mit diesen Stammestreffen einherging, längst wichtiger geworden sein als der eigentliche Gottesdienst. Mohammed nahm Anstoß an diesem ethischen Verfall; um seinen Gedanken in Ruhe nachhängen zu können, hielt er sich, gleich den Gottsuchern aus den Reihen der Hanifen und den christlichen Einsiedlern, in Abständen in der Stille der Wüste auf, wo er sich tage- oder wochenlang der Meditation hingab. Über der Betrachtung der gewaltigen Natur und im Gebet suchte er den Weg zu Gott, sucht er eine Antwort auf die Frage nach dem Sein, dem Warum der Menschheit und dem Leben nach dem Tod. Sein bevorzugter Ort der Einkehr war die Höhle Hira am Lichtberg in der Nähe von Mekka. Mit vierzig Jahren hatte er dort jenes bedeutsame Erlebnis, das als seine Berufung zum Gesandten Gottes betrachtet wird. Während meditativen Versunkenseins hörte er die Stimme eines Engels, die befahl: „Lies!" – Mohammed wandte ein: „Ich kann nicht lesen." – Da umklammerte ihn der Engel, dass er meinte, ersticken zu müssen und wiederholte: „Lies!" – Der Bedrängte sagte wiederum: „Ich kann nicht lesen", und der Engel presste ihn verstärkt. Bei der dritten Aufforderung fragte Mohammed: „Was soll ich lesen?" – Die Stimme rezitierte jene Sure (96,1–5), die als die erste Offenbarung gilt:

> „Lies im Namen deines Herrn, Der erschuf,
> erschuf den Menschen aus einem Klumpen Blut.
> Lies! Denn dein Herr ist der Allgütige,
> Der (den Menschen) lehrte durch die Feder,
> den Menschen lehrte, was er nicht wusste."

Mohammed war zutiefst betroffen und lief aus der Höhle. Da ertönte die Stimme ein letztes Mal: „Ich bin der Engel Gabriel, und du bist der Gesandte Gottes."

Die Worte hatten sich dem Auserwählten zutiefst eingegraben. Im Innersten aufgewühlt, eilte er nach Hause, wo er Hadidscha bat: „Bedecke mich!" – Er suchte Ruhe auf seinem Lager, um Herrschaft über die Erschütterung, über seine Gefühle zu gewinnen. Nach kurzer Rast erzählte er seiner Frau von seinem Erlebnis; und hier nun trat jenes

Ereignis ein, das ihn seinen Weg als Prophet unbeirrt weitergehen hieß – die mütterlich reife, liebende Gattin stellte den Vorfall nicht abwertend in Abrede, gab ihren Mann nicht der Lächerlichkeit preis, sondern bestärkte ihn in seiner Annahme, von Gott dazu auserwählt zu sein, die Menschen auf den rechten Weg zu führen. Sie wurde die erste Anhängerin des Beauftragten.
Fortan trat der Prophet als Mahner auf. Er predigte den Glauben an Allah, den Einen Gott, lehnte den Polytheismus in allen Formen ab und verwies auf die Schrecken des Weltgerichts, das er als Abrechnung Gottes mit den Menschen schilderte. Aber wer ließe sich gern den Spiegel seines Versagens vorhalten? Bei den Besuchern der Kaaba stieß er genauso wenig auf Beifall wie bei den Bewohnern Mekkas; bei letzteren vor allem deshalb nicht, weil sie befürchten mussten, dass sie zusammen mit dem Götzenheiligtum auch der Einnahmen aus den Taschen der Wallfahrer verlustig gehen würden. Nur zögernd bekannten sich die ersten Gläubigen zur neuen Lehre. Die Fronten verhärteten sich. Mohammed konnte allen Drohungen, allen Repressalien zum Trotz nicht aufhören, den Mekkanern Frömmigkeit und hohe Ethik nahezulegen; seine Zuhörer wiederum konnten sich nicht mit dem Gedanken anfreunden, ihren gewohnt bequemen, moralischen Schlendrian aufzugeben. Der kleinen Gemeinde gegenüber blieb es nicht bei verbalen Angriffen. Als sich Verfolgung und Tätlichkeiten mehrten, wanderten im Jahre 615 elf Großfamilien nach Abessinien aus, denen ein Jahr später eine weitere Gruppe folgte. Zu den Folgeschwierigkeiten seiner religiösen Sendung gesellte sich für Mohammed im Jahre 619 noch persönliches Leid – zunächst verschied seine innig geliebte Gattin Hadidscha, wenig später starb sein Onkel Abu Talib.
Der Erfolg in Mekka blieb begrenzt. Da aber für die Erstarkung der neuen Religion eine zahlenmäßig entsprechende Anhängerschaft notwendig war, hielt es der Prophet für ratsam, auszuwandern. Er wandte sich nach Jathrib, wo dank der zahlreichen jüdischen Bewohner die Menschen für seine monotheistischen Glaubenshinweise größeres Verständnis zeigten. Er wurde freundlich aufgenommen und die Überlieferung will wissen, dass ihm die Woge der Gastfreundschaft so viele Beherbergungsmöglichkeiten anbot, dass ihm die Entscheidung schwer fallen musste. Schließlich sei er in jenem Haus eingezogen, vor dem sich sein Kamel niedergelassen habe. Jathrib hieß fortan *Medina* (= Stadt des Propheten).
Der Tag von Mohammeds Einzug in Medina sollte ein bedeutsames

Datum werden; denn siebzehn Jahre danach wurde der Beginn der islamischen Zeitrechnung für diesen 16. Juli 622 festgelegt.

5.4 Die Zeit in Medina

Es waren auch politische Erwägungen, deretwegen die Alteingesessenen Medinas den Zuwanderern Freundlichkeit entgegenbrachten. Die jüdischen und arabischen Sippen waren untereinander heftig zerstritten und lieferten sich permanent Kämpfe um die Vormachtstellung. Sie suchten einen Schlichter ihrer Fehden.

Der Zulauf zur neuen Lehre war beachtlich. Mohammed konnte sich nicht mehr allein auf sein Amt als Prediger beschränken, sondern musste nach Regeln für das tägliche Leben auf der Grundlage des gemeinsamen Glaubens suchen. Der Prophet wandelte sich zum juristischen, nationalen und militärischen Oberhaupt seiner Anhänger. Er stellte eine Gemeindeordnung auf, die bestimmte, dass alle Gläubigen eine Sozietät bildeten, innerhalb derer es weder Herkunfts- noch Sozialunterschiede geben sollte. Er brachte die Blutrache unter Gleichgläubigen in Misskredit und setzte an deren Stelle den Kampf gegen Nicht-Rechtgläubige.

Dieses Gefühl der Verbundenheit begleitet bis in die Gegenwart alle Gläubigen. Muslime suchen die Nähe des Mitbruders oder der Mitschwester; ihre Gastfreundschaft ist nicht nur sozial, sondern auch religiös begründet. Diese Gemeinschaft nennt man bis heute im Arabischen *Umma* = Gesamtheit, Gemeinde (Gottes).

In der ersten Zeit seines Aufenthalts in Medina ließ Mohammed zunächst eine kleine Moschee errichten. Sie erhielt einen Anbau, der zum einen als Beherbergungsraum für alleinstehende, in Not geratene Muslime, zum anderen als Schulzimmer für religiöse Belehrungen gedacht war. Mit diesem Gebäude sollte den mekkanischen Auswanderern und den neuen Anhängern des Islam eine gemeinsame Kultstätte geboten werden. Außerdem warb der Prophet unter den Alteingesessenen um Patenschaften zu Schutz und Hilfe der Neubürger. Die Wärme des anfänglichen Entgegenkommens der Juden kühlte rasch ab und schlug deshalb in Feindschaft um, weil ihre Schriftgelehrten dem Neubürger Mohammed bei der Darstellung der jüdischen Lehre und beim Vergleich beider Religionen Mängel nachweisen konnten. Daraufhin änderte der Prophet die bislang nach Jerusalem weisende

Gebetshaltung in die Richtung zur Kaaba in Mekka, den einen gemeinsamen Fasttag verlängerte er auf den Fastenmonat Ramadan. Die Meinungsverschiedenheiten arteten schließlich in einem offenen Konflikt aus, der zur Vertreibung der drei jüdischen Stämme führte.

Auch der Groll gegen die starrköpfige Einwohnerschaft Mekkas schwelte in Mohammed weiter, und im Verlauf seiner zehnjährigen Asylantenzeit kam es zu drei kriegerischen Auseinandersetzungen, die jedoch keine abschließenden Entscheidungen herbeizuführen vermochten. Acht Jahre nach der *Hidschra* (Auswanderung) endlich, konnte er mit einem Heer von zehntausend Gläubigen vor seine Geburtsstadt ziehen, die ihm – ob seiner Übermacht – freiwillig die Tore öffnete. Fortan galt die Kaaba, bis auf den Schwarzen Stein von allen Götzenbildern und -statuen gereinigt, als Heiligtum des Islam; Mekka wurde zur Heiligen Stadt erklärt. Die Übertritte zur Lehre des Propheten mehrten sich, die Zahl der Anhänger wurde unüberschaubar groß.

Im Jahre 632 zog Mohammed zum letzten Mal an den nunmehr islamischen Wallfahrtsort der Kaaba in Mekka, um Gott nach dem neuen Ritus zu huldigen. Etwa 100 000 Muslime hatten die Wallfahrt angetreten, und vor ihnen hielt der Prophet seine Abschiedspredigt. Sie fasste viel von jenem Grundsätzlichen zusammen, das er mehr als zwei Jahrzehnte gelehrt hatte:

„Ihr Menschen, hört auf mich! Vielleicht werde ich an dieser Stelle nicht mehr mit euch zusammentreffen ... Wenn ihr einst vor Gott treten werdet, so wird er euch nach euren Taten fragen ... Euer Leben und euer Besitz sind unantastbar und heilig ... Was man euch anvertraute, das gebt den Eigentümern zurück ... Zinsen sind verboten, gebt nur das Geliehene den Gläubigern zurück ... Tut niemand Gewalt an und bleibt verschont vor Grausamkeit ... Alles Schlechte aus der heidnischen Zeit und die Blutrache sind fortan abgeschafft ... Prahlt nicht mit eurer Abstammung ... Eure Ehepartner haben Rechte euch gegenüber und ihr habt Rechte ihnen gegenüber; begegnet ihnen mit Güte, Liebe und Wohlwollen ... Kleidet eure Diener wie euch selbst und gebt ihnen von dem zu essen, was ihr selbst esst. Machen sie sich eines unverzeihbaren Vergehens schuldig, so entlasst sie aus ihrer Aufgabe, aber tut ihnen nichts Böses an ... Alle Muslime sind Brüder ... Ich hinterlasse euch zwei Dinge, das eine ist der Koran, das andere ist die Sunna (Aussprüche und Lebensgewohnheiten des Propheten). Bleibt ihr beiden verbunden, so werdet ihr nie vom rechten Weg abkommen ... Ihr habt nur einen Gott und einen Vater; ihr seid alle Kinder Adams, der aus

Erde geformt wurde; ihr seid das Wertvollste neben Gott, ihr seid aber auch jene, die ihm höchste Ehre erweisen sollen!"
Als der Prophet nach Medina zurückgekehrt war, erkrankte er, und am 8. Juni 632 schloss er seine Augen für immer.

5.5 Der Prophet als beispielgebender Mensch

Die Zweifler griffen Mohammed auf mancherlei Weise an, wollten seinen Sendungsauftrag in Abrede stellen und die Offenbarungen Gottes nicht annehmen.

> Sure 21,3 – Ihre Herzen sind voller Hohn. Und sie besprechen sich insgeheim ...: „Ist dieser etwas anderes als ein Mensch wie ihr?"
>
> Sure 25,7/8 – Und sie sprechen: „Was für ein Gesandter ist dies, der Speise isst und in den Gassen umherwandelt? Warum ist nicht ein Engel zu ihm herabgesandt worden, dass er als Warner bei ihm wäre? Oder es hätte ihm ein Schatz herabgeworfen werden sollen, oder er müsste einen Garten empfangen haben, davon zu essen."

Unverständlich blieb also vielen seiner Zuhörer, dass ein einfacher Mann – aus schulischem Aspekt wenig gebildet, aus dem Blickwinkel der Handelsaristokratie erst über eine opportune Heirat zu einigem Wohlstand gelangt – das Werkzeug Gottes sein sollte, und dass diesem, vom Höchsten Auserwählten, weder eine himmlische Garde beigegeben, noch eine irdische Belohnung zugestanden wurde.
Mohammed betonte selbst immer wieder, dass er als einfacher Mensch, in eine keineswegs bevorzugte Familie ohne besondere Vorzeichen hineingeboren, unter seinesgleichen aufgewachsen sei.
Er lebte anspruchslos, war bescheiden; er konnte ihm anvertraute Geheimnisse bewahren und hütete sich vor übler Nachrede; der Ruf seiner Aufrichtigkeit drang weit über Mekka hinaus, und sein Gerechtigkeitssinn brachte ihm das Prädikat *Amin* (= der Vertrauenswürdige) ein. Gütig und höflich zu jedermann, half er mitfühlend vor allem Armen, Kranken und unverschuldet in Not Geratenen. Kindern neigte er sich liebevoll zu, und den Frauen erwies er in bisher nicht bekanntem Maße Ehrerbietung.
Tief religiös, betrachtete Mohammed sich in Ehrfurcht als Verkünder der empfangenen Offenbarungen, und er muss wohl ein mitreißender, überzeugender Prediger gewesen sein.

Bei der Liquidierung von Widersachern allerdings konnte er auf strengen Maßnahmen bestehen; jedoch erfüllte ihn sein göttlicher Auftrag so absolut, dass allein die Ausbreitung der neuen Lehre im Vordergrund seines Denkens und Handelns stand und seine Entscheidungen bestimmte.

Sinnesfreuden war er nicht abhold. Mit seiner ersten Gattin lebte er monogam bis zu deren Tod; in den darauffolgenden Jahren ehelichte er jedoch noch dreizehn Frauen und überzog damit weit die islamisch zugestandene Zahl von vier Anzutrauenden. Da es meist Witwen von Gläubigen waren, die bei kriegerischen Auseinandersetzungen ihr Leben hatten lassen müssen, nahm er sie wohl auch mehr, der sozialen Denkweise jener Zeit entsprechend, zur Versorgung in sein Haus.

Mohammed enthielt sich des Weines und des Glücksspiels und forderte das auch von seinen Anhängern. Mag sein, dass er berauschende Getränke ablehnte, weil er nicht nur Frieden in seiner Gemeinde wünschte, sondern bei seinen religiösen Feldzügen nüchterne Kämpfer brauchte. Auf jeden Fall war auch das Werfen des Loses verpönt, weil viele sich und ihre Angehörigen damit in Not und Abhängigkeit brachten.

So war der Prophet ob seiner hohen ethischen Einstellung nicht nur seinen Zeitgenossen ein Vorbild, sondern er gilt für die gläubigen Muslime bis zum heutigen Tag als nahezu unfehlbar in seinem Verhalten, seine Aussprüche und Ermahnungen werden nach wie vor als richtunggebend erachtet.

> Sure 33,21 – Wahrlich, ihr habt an dem Propheten Allahs ein schönes Vorbild für jeden.

Die vielen Hinweise, die er seinen Mitmenschen aus seiner gläubigen Haltung und seiner reichen Lebenserfahrung heraus erteilte, wurden ebenso wie seine guten Taten nach seinem Tod gesammelt und in einem Werk, dem *Hadith*, schriftlich niedergelegt. Koran und Hadith bilden die Grundlagen des islamischen Glaubens.

6. Der Koran

Sure 17,9 – Fürwahr, dieser Koran leitet zum Richtigsten und bringt den Gläubigen, die gute Werke tun, frohe Botschaft, dass ihnen großer Lohn werden soll.

Die Offenbarung des Heiligen Buches ist wohl das größte Wunder im Leben des Propheten. Für die Muslime bedeutet es die Quelle der göttlichen Rechtleitung schlechthin. Da der Mensch nicht fähig ist, von sich aus die Wahrheit und den rechten Weg zu finden, muss er auf das Wort Gottes hören und sich ihm unterordnen.
Mitgeteilt wurde der Wille Allahs über den Engel Gabriel in der „allgemein verständlichen" arabischen Sprache und der arabische Begriff *Qur'an* geht zurück auf *qara'a* = lesen, vortragen, rezitieren. Der gesamte Text wurde dem Gesandten nicht an einem Tag und nicht im Zusammenhang übermittelt. Vielmehr verteilten sich die Offenbarungen über den Zeitraum vom Erlebnis der Beauftragung bis zu Mohammeds Tod. Die Aufzeichnung und die Anordnung nahmen noch einmal rund zwei Jahrzehnte in Anspruch. Seither bemüht sich zwar die Islamwissenschaft um die Exegese mancher Aussagen; jedoch müssen auch Skeptiker zugeben, dass das islamische Buch aller Bücher im ursprünglichen Wortlaut bis auf den heutigen Tag erhalten geblieben ist. Insgesamt 114 Suren (Abschnitte) mit ihren Versen wurden nicht chronologisch, sondern nach ihrer Länge aneinandergereiht. Die längeren Suren stehen am Anfang, die kürzeren zum Ende des Werkes hin. Jeder Abschnitt ist mit einem Titel überschrieben, der auf den Inhalt eingeht oder ein Wort aus dem Text angibt. Auf jeden Fall aber beginnen die Suren, außer Sure 9, mit der Anrufung Gottes, dem Basmala:

„Im Namen Allahs, des Gnädigen, des Barmherzigen."

Und dieses Basmala (= Im Namen Gottes) ist es, das sich wie ein roter Faden durch das Dasein der Muslime zieht; denn es eröffnet nicht nur Gebete und rituelle Handlungen, sondern wird vor jeder Arbeit, vor jedem Unterfangen auch profaner Art gesprochen – möge Gott das Vorhaben segnen.
Die Inhalte des Koran beschränken sich nicht auf religiöse Aussagen, sondern sie behandeln mit handfesten Hinweisen und Ermahnungen ebenso soziale und politische Fragen. Vereinzelt sind Teile der vorangehenden Heiligen Bücher übernommen; über Ergänzungen kam es aber

zur sprachlichen und inhaltlichen Abrundung, wodurch sich eine weitere Beachtung von Tora, Psalter und Evangelien erübrigt.
Nach islamischer Vorstellung war der Text des „Urbuchs" bis ins Detail festgelegt und musste nur durch den „Mund Gottes", den Propheten, der Menschheit mitgeteilt werden. Zur Bewahrung für alle nachfolgenden Generationen bedurfte es noch der schriftlichen Fixierung.

Sure 39,23 – Allah hat die schönste Botschaft hinabgesandt in der Form eines Buches.

Wer einen Koran zur Hand nimmt, der berührt etwas Heiliges. Das lässt erwarten dass man sich vorher die Hände wäscht und das Buch möglichst in ein Tuch einschlägt.
Unantastbar wie die Aussage ist die Sprache, deshalb müssen religiöse Handlungen vom arabischen Originaltext begleitet werden. Übersetzungen sind nur zu Studienzwecken erlaubt. Ungeachtet der jeweiligen Muttersprache lernen Muslime die Suren auf Arabisch. Die Fähigkeit der Rezitation hebt das Ansehen eines Gläubigen, und wer gar die hohe Leistung schafft, den gesamten Koran auswendig zu lernen, der erhält den Ehrentitel *Hafiz,* gilt als besonders gelehrt und genießt besonderes Ansehen bis an das Ende seiner Tage.
Der Heilige Koran wurde nicht nur zum Nutzen einer Ära oder eines einzigen Volksstammes geschaffen; er ist das Werk für die gesamte Menschheit, von unfehlbarer, absolut verbindlicher Substanz und mit Bestimmungen, die bis zum Jüngsten Tag ihre Gültigkeit behalten werden.

Sure 2,2 – Dies ist ein vollkommenes Buch; es ist kein Zweifel darin; es ist eine Richtschnur für die Gerechten.

7. Die Glaubenslehre

Drei Teile bilden die Grundlage des Islam,

- die Glaubenslehre,
- die Pflichtenlehre und
- die Verhaltenslehre.

Der Glaubensakt versteht sich für Muslime als das sich unterwerfende, sich hingebende, bedingungslose Vertrauen Allah gegenüber, jenem unbeschreibbaren, höchsten Wesen, das Himmel und Erde erfüllt. Hinzu kommt die uneingeschränkte Bejahung aller über den Engel Gabriel an Mohammed weitergeleiteten Offenbarungen und die Überzeugung, dass diese vom Gesandten verkündeten Worte absolut wahr sind.
Als weitere Glaubensforderung verkündet die

> Sure 4,136 – O ihr Gläubigen, glaubet an Allah und Seinen Gesandten und an das Buch, das Er Seinem Gesandten offenbart hat, und an die Schrift, die Er zuvor offenbarte. Und wer nicht an Allah und Seine Engel und Seine Bücher und Seine Gesandten und an den Jüngsten Tag glaubt, der ist wahrlich weit irregegangen.

Der Prophet Mohammed hat diese göttliche Aussage im *Amentu,* dem islamischen Glaubensbekenntnis mit seinen sechs Artikeln, zusammengefasst:

„Ich glaube an den EINEN Gott, Seine ENGEL, Seine BÜCHER, Seine PROPHETEN, an den JÜNGSTEN TAG und die Wiederauferstehung nach dem Tode; ich glaube, dass die GÖTTLICHE VORSEHUNG Gutes und Böses beschlossen hat.“

Neben dem Glaubenssatz *„Ich bezeuge, dass es außer Allah keinen Gott gibt, und ich bezeuge, dass Mohammed Sein Diener und Sein Gesandter ist“* sollten Muslime das bekennende Gebet in arabischer Sprache aufsagen und damit ihre Glaubenstreue versichern können.

7.1 Der Glaube an Gott

Der Prophet gebietet den Gläubigen, dann, wenn sie die Existenz Gottes erfassen wollen, den Himmel, die Erde und sich selbst zu betrachten, um zu erkennen, dass nichts von all diesen Dingen der Schöpfung hätte aus sich selbst entstehen können. An der Ordnung, die dem Universum innewohnt, ist Gott zu erfahren. Über sein Erscheinungsbild allerdings sollte man gar nicht erst nachdenken. So sagt Mohammed: „Denkt an Gottes Gaben, nicht an seine Natur, denn dazu habt ihr die Fähigkeit nicht."

Sure 6,102 – Die Sehkraft erreicht ihn nicht.

Gott ist transzendent; als Konsequenz gilt sein strenges Bilderverbot, denn das menschliche Darstellungsvermögen muss sich auf Irdisches beschränken.
Man gesellt auch Gott keinen Namen bei, der wiederum nur einen Teil seines Seins erfassen und damit eine Einengung bedeuten würde. Jedoch versucht man, über bestimmte Eigenschaften einen Weg zu seinem Wesen zu finden:

- Gott ist existent. Er hat unendlich viele Dinge geschaffen, die sein Wirken unter Beweis stellen; allerdings ist ihm keine seiner Schöpfungen gleich oder ähnlich:

Sure 42,11 – Nichts gibt es Seinesgleichen.

- Gott ist ohne Alter; er reicht in die Phase vor dem Schöpfungsbeginn; kein Fixpunkt bezeichnet den Anfang seinen Daseins; er ist das einzig immer Dagewesene.
- Gott ist ewig; es mögen Himmel und Erde vergehen – er wird in alle Ewigkeit fortdauern.
- Gott ist der *Eine,* der *Einzige;* der Monotheismus ist die zentrale Thematik des Koran und jeder prophetischen Verkündigung. Die Unbestrittenheit seiner unbedingten Herrschaft wird ständig betont. Der schwersten Sünde macht sich schuldig, wer ihm Nebengötter beigesellt:

Sure 4,48 – Wahrlich, Allah vergibt nicht, dass Ihm irgend Götter an die Seite gestellt werden … Und wer Allah Götter an die Seite stellt, der hat wahrhaftig eine gewaltige Sünde ersonnen.

- Gott ist autonom; für sein Werden und sein Fortbestehen bedarf er weder eines Grundes noch eines Schöpfers.
- Gott ist lebendig; er hört und versteht jede Stimme, jeden Ton, ungeachtet der Distanz. Er sieht alles Nahe und Entfernte, im Licht und im Dunkel. Das beweist seine Lebendigkeit; denn Leblose sind bar dieser Fähigkeiten.
- Gott ist allwissend; im Himmel und auf Erden ist ihm nichts unbekannt. Er weiß, was da war, was da ist und was da sein wird.
- Gott ist allmächtig; auf sein Wollen und seine Befehle hin ist das Universum entstanden. Nichts in dieser Welt geschieht jenseits von Gottes Willen. Sein „Es werde!" vermag allem Gestalt zu geben, alles zu bewegen.
- Gott ist die Kraft; er besitzt eine nie endende Kraft, eine Energie, die sich nie erschöpft, die beispiellos und allem gewachsen ist.
- Gott ist das Wort; ohne die Hilfe menschlicher Sprechwerkzeuge vermag Gott sich mitzuteilen. Ihm verdanken wir die Offenbarungen. Das heiligste aller Bücher – der Koran – ist allein sein Werk.

Gott ist die höchstmögliche Verwirklichung des Guten und Edlen. Die Hingabe an ihn schenkt den Gläubigen Trost und Mut in schweren Tagen – Glaube ist eine Gnade.
Den Menschen, ein höchst kompliziertes Wesen, mit vielseitigen Anlagen ausgestattet, hat Gott als seinen Stellvertreter auf dieser Erde erschaffen:

Sure 2,30 – Ich will einen Statthalter auf Erden einsetzen.

Der Prophet rät seinen Brüdern und Schwestern, sich nacheifernd um Gottes Eigenschaften zu bemühen, damit sie die höchste Vollendung erreichen könnten.
Trotz aller geforderten Ergebung unter den Willen Gottes, trotz der Erfüllung seiner Pflichten, soll der Mensch aber auch seinen Verstand in Eigenüberlegungen und Eigenhandlungen einsetzen. Er ist zwar von Gottes Wohlwollen und Entscheidungen abhängig, soll sich aber dennoch nicht nur als willenloses Werkzeug der Vorsehung betrachten.

Sure 95,4 – Wahrlich, Wir haben den Menschen in schönstem Ebenmaß geschaffen.

Als Gipfel der göttlichen Schöpfung muss der Mensch erhalten und geschätzt werden. Seine Vernichtung, Versklavung oder Erniedrigung

gilt als Sünde. Der Prophet fasst das folgendermaßen zusammen: „Der Mensch ist das vollkommenste Geschöpf Gottes. Wehe demjenigen, der es vernichtet!"
Eine schwere Sünde würde aber auch die Vergöttlichung und Anbetung von Menschen bedeuten, denn diese Ehre kommt allein Gott zu. So wird das Niederknien vor Heiligenbildern – zur Bitte und Fürbitte – in christlichen Kirchen meist falsch ausgelegt und als sündhaft abgelehnt. Ebenso steht die bildliche Darstellung der christlichen Trinität in den Gotteshäusern jenseits muslimischen Fassungsvermögens, auch dann, wenn sie nur symbolisch angedeutet sein sollte.

7.2 Der Glaube an die Engel

Engel sind Kräfte, die den Auftrag haben, die Ordnung im Universum aufrecht zu erhalten. Unsere Augen sind nicht dazu eingerichtet, sie zu erfassen; jedoch sind sie ebenso eine Gegebenheit wie andere abstrakte Tatsachen, die wir zwar nicht sehen, wohl aber in ihrer Wirkung erkennen können, etwa der Verstand, das Gewissen oder die Seele. Als Vollstrecker von Gottes Willen würden sie sich niemals gegen ihn wenden oder ihm ungehorsam sein:

> Sure 16,50 – Sie fürchten ihren Herrn über ihnen und tun, was ihnen geheißen ist.

Engel sind geschlechtslose Wesen, die nicht essen, nicht trinken, nicht ermüden, nicht schlafen, die keiner Sache überdrüssig werden. Im Dienste des Lebens und der Natur begleiten sie Menschen und Tiere und überwachen deren Handeln. Sie geben Hinweise auf nahende Gefahren, sie geben den Glaubenden Zuversicht und Kraft, und sie bewegen sich unter Gottes strikter Anleitung. Von ätherischer Substanz, können sie jederzeit in jeder Gestalt im Himmel oder auf Erden in Erscheinung treten.
Jeder Engel hat jene Pflichten zu erfüllen, für die er ausersehen wurde. Nur Gott kennt die Zahl all dieser substantiell geheimnisvollen Wesen, die das All beleben. Jedoch sind aus dem Koran und den Aussagen des Propheten die Namen der wichtigsten Engel und ihre Aufgaben bekannt.
Der Erzengel *Gabriel* steht an ranghöchster Stelle; denn er ist dazu ausersehen, den Willen Gottes, seine Gebote und Verbote an die Menschheit weiterzuleiten. Dank seiner Mittlertätigkeit empfingen die Pro-

pheten die Offenbarungen, er war es, der dem letzten Gesandten Gottes den Wortlaut des Koran in Herz und Verstand legte.
Die Pflichten des Erzengels *Michael* greifen mehr ins irdische Geschehen ein, denn ihm ist es anheim gestellt, die Vorgänge in der Natur zu lenken. Wind und Wetter, Wachstum und Ernte unterliegen seinem Diktat.
Der Erzengel *Rafael* deutet ins Jenseits. Er ist dazu ausersehen, am Jüngsten Tag mit der Posaune des Jüngsten Gerichts die Toten zu erwecken und sie vor den höchsten Richter zu geleiten.
Als Todesengel nimmt der Erzengel *Asrail* im Augenblick des Hinscheidens die Seelen der Sterbenden zu sich.
Einige andere Engel stehen zur Rechten und zur Linken der Menschen, um deren gute und böse Taten aufzuzeichnen.
Als namentlich bekannte Wesen wären noch *Munker* und *Nekir* anzuführen, jene beiden Engel, die die Toten im Grabe nach ihren Werken befragen müssen.
Zwischen den Engeln und den Menschen existieren noch die *Dschinnen,* auf das Weltgeschehen Einfluss nehmende Geister, die dem Feuer oder heißen Wind entstiegen sind. Auch sie bleiben dem Menschen von der Gestalt her verborgen, jedoch tragen sie im Gegensatz zu den Engeln irdische Merkmale; sie sind geschlechtlich bestimmt, sie heiraten, zeugen Nachkommen und müssen sterben; sie essen, trinken, bedürfen der Ruhe und des Schlafes; sie sind vernunftbegabt und treffen Entscheidungen. Sie sind dazu angehalten, die rechte Religion anzuerkennen. Jedoch gibt es unter ihnen eine Gruppe, die sich Allah nicht unterwerfen will, seinen Befehlen nicht gehorcht und die Menschen versucht, vom rechten Weg abzudrängen. Diese bösen Geister stellen den Menschen nach, verführen sie und stürzen sie ins Unglück. Wir nennen sie *Scheytan* (= Satan). Vor dem Jüngsten Gericht werden sie sich dereinst ob ihrer Untaten verantworten müssen.

7.3 Der Glaube an die Bücher

Gott sandte zur Verkündigung seiner Absichten Propheten in die Welt, und einigen dieser Auserwählten ließ er durch den Erzengel Gabriel sein Wort zur Aufzeichnung mitteilen. So entstanden Heilige Bücher, und zu den Pflichten eines Muslim gehört es, an diese Bücher zu glauben. Sie geben Verhaltenshinweise, die den Gläubigen bereits im Erdendasein

den Weg zu Glück und Ausgeglichenheit aufzeigen sollen, die jene Aufgaben beschreiben, die ein Diener des Herrn zu erfüllen hat. Keineswegs sind die Darstellungen jedoch nur positiv, enthalten sie doch auch Ermahnungen und Strafandrohungen für die Gehorsamsverweigerer.
In der vorkoranischen Epoche existierten Schriftrollen mit Offenbarungen an den Propheten Abraham, die aber nicht mehr aufzufinden sind und demnach wohl für immer verloren sein dürften. Umfangreichere Werke wurden den Propheten Moses *(Tora)*, David *(Psalter)*, Jesus *(Evangelium)* und Mohammed *(Koran)* diktiert. Da die dem Propheten Mohammed vorausgehenden Bücher sowohl Gottes Wort sind als auch mit Teilinhalten in den Koran einbezogen wurden, gelten sie als Heilige Schriften und sind von den Gläubigen als solche zu achten. Absolute Anerkennung können ihnen allerdings die Muslime deshalb nicht zollen, weil ihr ursprünglicher Offenbarungstext durch sprachliche Umformulierungen sowie durch Ergänzung von menschlichem Gedankengut aufgefüllt und damit verfälscht wurde. Außerdem wurden sie in Sprachen verfasst, die in der seinerzeitigen Struktur heute nicht mehr lebendig sind. Nach Ansicht der Muslime war der Inhalt der ersten Bücher allzusehr auf bestimmte Volksstämme und deren sozio-kulturelle Situation abgestimmt, so dass sie sich, von Zeit und Fortschritt überholt, langsam überlebten.
Allein der Koran ist nicht für ein einziges Volk, sondern für die gesamte Menschheit gedacht, seine Ursprache – das Arabische – wird heute von etwa 1,3 Milliarden Gläubigen für die Religionsausübung gebraucht; der Originaltext erfuhr nie auch nur die geringste Abänderung und lässt sich authentisch auf die Offenbarungen an den Propheten Mohammed zurückverfolgen. Dieses göttliche Buch wird seine Gültigkeit bis zum Jüngsten Tag behalten.
Vier Kennzeichen sind es, die den Echtheitsbeweis für den Koran liefern:

- Der Text muss wortgetreu überliefert sein.
- Der Text muss arabisch überliefert sein.
- Der Text muss dem Propheten Mohammed offenbart worden sein.
- Der Text muss unverändert vom Propheten auf uns übergegangen sein.

Würde ein Buch eines dieser Kriterien entbehren, so wäre es nicht der Heilige Koran. Sowohl der Wortschatz und die sprachliche Formulierung als auch der Inhalt kommen von Gott. Der Koran enthält 114

Suren (Abschnitte) und 6666 *Ayet* (Verse). In einem Zeitraum von 23 Jahren wurden Vers für Vers, Sure für Sure dem Propheten mitgeteilt. Er rezitierte sie und hieß sie seine Anhänger auswendig lernen. Soweit sie Schreibkundige waren, bekamen sie den Auftrag zur Niederschrift. Nach seinem Tod beauftragte sein angesehener, kluger Anhänger Ebu Bekir den in der Schreibkunst bewanderten Adoptivsohn Mohammeds – Zeyd –, der schon zu Lebzeiten seines Pflegevaters viele der Offenbarungen aufgezeichnet hatte, mit der Sammlung der göttlichen Verkündigungen. In mühseliger Arbeit musste er nicht nur Echtes von Falschem unterscheiden, sondern die Niederschriften überwachen und schließlich systematisieren. Seine Anordnung der Abschnitte blieb unangetastet bis auf den heutigen Tag. Kalif Osman regte Kopien an, deren erste vier man an arabische Städte aushändigte. In der Zwischenzeit haben sich nun längst Rotationsmaschinen der Vervielfältigung angenommen; trotzdem sind alle Koranausgaben auf dieser Erde absolut gleich.
Nach dem Ableben des Propheten Mohammed wurde man der Tatsache gewahr, dass die Texte des Koran nicht für alle Bereiche des täglichen Lebens Sekundanz anboten, und dass Lücken für die Legislation geblieben waren. So ging man unter jenen Mitstreitern des Propheten, die sich an Zeiten persönlichen Konnexes erinnern konnten, daran, nach richtungweisenden Aussprüchen und Handlungen zu forschen und sie zu sammeln. Insgesamt sechs Bände vermochte man mit Worten und Tatenbeschreibungen zu füllen, und diese Sammlung heißt *Hadith*. Da man in Mohammed schlechthin *den* unfehlbaren Menschen sieht, sind seither Koran *und* Hadith die beiden Quellen religiöser Vorschriften.

7.4 Der Glaube an die Propheten

Sich um die Würde eines Propheten bemühen zu wollen, wäre sinnlos; denn Gott selbst trifft die Auswahl, und als Auserwählter dem Prophetentum zugestellt zu werden, ist eine große Gnade. Trotzdem sind die von Gott so Bevorzugten genauso Menschen wie wir. Sie müssen körperliche Bedürfnisse wie Hunger, Durst und Schlaf stillen; sie heiraten und zeugen Kinder, und sie erkranken und müssen die Schwelle des Todes überschreiten. Alle aber haben Eigenschaften, die sie weit über den Durchschnitt der Menschheit erheben:

- Ehrlichkeit und Aufrichtigkeit würden nie eine Lüge über ihre Lippen kommen lassen;
- charakterlich gefestigt, sind sie gefeit gegen jede Art von Sünden; ihre Schuldlosigkeit bewahren sie sich durch das ganze Leben;
- Vertrauenswürdigkeit garantiert nicht nur im materiellen Bereich, dass sie anvertrautes Gut weder selbst verbrauchen noch weiterveräußern würden, sie darf auch jederzeit die Geheimhaltung von vertraulichen Mitteilungen erwarten lassen;
- als zuverlässige Verkünder des Wortes Gottes würden sie die Offenbarungen weder erweitern noch verstümmeln; ihre Aussagen sind höchst glaubwürdig;
- Klugheit zeichnet sie im täglichen Leben genauso aus wie im religiösen; ihre Denkweise ist scharf und flexibel;
- weder körperlich noch geistig sind sie mit irgendwelchem Makel behaftet.

Frauen scheinen mit all diesen Merkmalen nicht ausgezeichnet zu sein. Denn von der göttlichen Huld waren sie für den Status eines Propheten ebenso wenig vorgesehen wie Geisteskranke oder Minderbegabte.
Bei richtigem Einsatz ihres Verstandes hätte die Menschheit im Anblick der Schöpfung die Existenz Gottes jederzeit zu erfassen vermögen. Seine spezifischen Eigenschaften, die Formen und Pflichten bei der Anbetung, die Unterscheidung von Gut und Böse wären jedoch ohne Offenbarungen latent geblieben. Ohne Hinweise der Propheten auf Gottes Willen hätte die Gefahr bestanden, dass die Menschen vom rechten Weg abgekommen, in der Anarchie versunken wären. Gottes Gunst wählte viele Männer für den prophetischen Dienst aus, die im Grunde alle die gleiche Verkündigung zu verlautbaren hatten: Gott ist der *Eine*, und die Menschen sind seine gläubigen Diener. Die genaue Zahl der Propheten kennt nur Gott; er schickte sie zu verschiedenen Zeiten den verschiedenen Völkern und ließ sie in der Stammessprache zu ihnen reden:

> Sure 35,24 – Und es gibt kein Volk, bei dem nicht früher schon ein Warner erschienen wäre.

Muslime glauben unterschiedslos an alle erkorenen Botschafter:

> Sure 2,136 – Wir glauben an Allah und was uns offenbart worden … und was gegeben ward Moses und Jesus, und was gegeben ward (allen anderen) Propheten von ihrem Herrn. Wir machen keinen Unterschied zwischen ihnen; und ihm ergeben wir uns.

Die Anerkennungsintensität erfährt also bei den einzelnen Propheten keine graduelle Abstufung. Lediglich auf Mohammed vereinigen sich einige Spezifika, die ihm zu seiner Sonderstellung verhelfen:

- Als Siegel der Propheten bildet er den apodiktischen Abschluss der Auserkorenenreihe.
- Er wurde nicht für ein einzelnes Volk, sondern für die gesamte Menschheit in die Welt geschickt.
- Die von ihm verkündeten, religiösen Vorschriften gelten bis ans Ende allen Daseins.
- Durch ihn wurde der Islam zu uns gesandt, jene Religion, die ihren Anhängern über die Anerkennung der islamischen Normen bereits auf Erden die Erlangung inneren und äußeren Wohlbefindens zusichert.

Der Koran nennt die folgenden Propheten namentlich:

1. *Adam*
2. *Henoch*
1. *Noach*
4. *Heber*
5. *Methusalem*
6. *Abraham*
7. *Lot*
8. *Ismael*
9. *Isaak*
10. *Jakob*
11. *Josef*
12. *Hiob*
13. *Jethro*
14. *Mose*
15. *Aaron*
16. *David*
17. *Salomo*
18. *Elias*
19. *Eliasa*
20. *Jonas*
21. *Jesaja*
22. *Zacharias*
23. *Johannes (d. Täufer)*
24. *Jesus*
25. *Mohammed*

7.5 Der Glaube an den Jüngsten Tag

Gott setzte die Menschen an die oberste Stelle dessen, was er schuf; die übrige Schöpfung machte er ihnen zu Diensten. Als Dank und Anerkennung sollten die Menschen die Gebote Gottes befolgen und als Richtungsweiser des Lebens sehen, widrigenfalls begehen sie Sünden und fallen in Schuld. Ihren Verhaltensweisen entsprechend werden sie am Jüngsten Tag zur Rechenschaft gezogen, um Belohnung oder Strafe zu erfahren. Gott allein ist der Richter.

Der Tod schließt den irdischen Lebensabschnitt eines Menschen unwiderruflich ab. Körper und Seele trennen sich voneinander, der Körper wird dem Verfall preisgegeben, die Seele übernimmt der Erzengel Asrail. Die Grabesengel Munker und Nekir befragen den bestatteten Toten nach seinem Gott, nach dem Propheten, nach seiner Religion, seiner Gebetsrichtung und nach den heiligen Büchern. Seinen Antworten entsprechend beginnt er dann das Leben im Grab. Dazu sagt der Prophet Mohammed: „Wer auf Erden nach Gottes Geboten gelebt und den rechten Weg eingehalten hat, dessen Grab wird zu einem Garten der Paradiesgärten; wer die Gebote nicht befolgte, dessen Grab wird zu einem Abgrund der höllischen Abgründe."
Der *Jüngste Tag* bedeutet nicht nur ein Ende für das einzelne menschliche Leben; er schließt alles irdische Dasein ab, um die Ewigkeit zu beginnen. Mit dem Posaunenstoß des Erzengels Rafael wird die gesamte Weltordnung aufgehoben; ein gewaltiges Erdbeben bringt die Welt ins Wanken, Felsen werden zu Staub und Berge zu Ebenen; die Gestirne verlöschen, und alles Leben erstirbt.
Ein zweiter Posaunenklang, wiederum vom Engel Rafael auf das Geheiß Gottes geblasen, erweckt daraufhin alle Lebewesen von Neuem, und jeder überdenkt in diesem Augenblick seine eigene Situation. Die Lebendigen versammeln sich am Ort der Auferstandenen, und Angst und Schrecken werden ihre Augen verdunkeln, denn jedem werden die Taten seines Lebens vorgeführt. Die Fürsprache des Propheten Mohammed beendet das furchtgeladene, unsichere Warten, und die Abrechnung über das irdische Verhalten beginnt. Der einzige Richter ist Gott, der auf dem Thron sitzen wird, mit seinen Engeln zu beiden Seiten. Die Bücher mit den Taten der Menschen werden aufgeschlagen, und nach diesen Aufzeichnungen erfahren alle ihr Urteil. Die guten und die bösen Taten werden gegeneinander abgewogen. Wer sich schon auf Erden durch einen ehrbaren Lebenswandel hohe Verdienste erworben hat, der darf nach Überschreiten einer Brücke – schärfer als die Schneide eines Schwertes und dünner als ein Haar – im Paradies Einzug halten. Die Sünder gleiten ab und stürzen in die Hölle.

Sure 101,6 bis 9 – Dann wird der, dessen Waage schwer ist, ein angenehmes Leben genießen. Der aber, dessen Waage leicht ist, die Hölle wird seine Mutter sein.

Rechtgläubige, die Sündenschuld auf sich geladen haben, dürfen nach Verbüßung ihrer Höllenstrafe ins Paradies überwechseln; die Ungläubigen müssen zur ewigen Pein in der Hölle bleiben. Der Koran schildert

das Paradies als einen Born nie endender Labsal, mit ausreichend Nahrung, kostbaren Gewändern, wertvollem Schmuck, kühlendem Schatten, fließenden Wassers, aufwartenden Jünglingen und in Bereitschaft stehenden, holdseligen, großäugigen Mädchen.
Furchterregend sind jedoch die Beschreibungen der Höllenqualen. Flammen, siedendes Wasser, inneres und äußeres Verbrennen, Kleider aus Feuer und eiserne Keulen warten auf den Sünder, für den es kein Entrinnen aus der ewigen Folter gibt. Der Glaube an ein Leben nach dem Tode ist für den Muslim Pflicht. Im Hinblick auf das Jüngste Gericht soll er seine Lebensweise, sein Verhalten so ausrichten, dass er Gottes Verfahren eines Tages wird bestehen können. Das kann den Anstoß für gute Worte und gute Taten geben und den Einzelnen zu einer menschlichen, ausgeglichenen Lebensbewältigung führen.

7.6 Der Glaube an die Vorsehung

Seit Urzeiten weiß Gott bis ins geringste Detail im Voraus, was an Geschehnissen zu erwarten ist; er kennt den Ort, den Zeitpunkt und den Ablaufmodus eines jeden Vorgangs, Beschluss und Bestimmung liegen allein in seiner Hand. Das von Gott gewollte Eintreffen allen Geschehens wird Schicksal genannt, und Gott bestimmt das Schicksal der Menschen:

> Sure 11,107 – Wahrlich, dein Herr bewirkt alles, was IHM gefällt.

Wille und Ratschluss Gottes sind unbedingt:

> Sure 9,50 – Nichts kann uns treffen als das, was Allah uns bestimmt hat.

Gott allein ist es auch anheim gestellt, den Menschen in seinem Sinne auf der rechten Bahn zu führen oder ihn in Sünde abgleiten zu lassen:

> Sure 6,39 – Wen Er will, lässt Allah in die Irre gehen, und wen Er will, führt Er auf den rechten Weg.

Trotzdem räumt Gott den Menschen ein Recht der freien Entscheidung ein, und für seine Wahl trägt der Einzelne auch die Verantwortung. Da Gott uns mit unseren Anlagen genau kennt, weiß er, ob wir zum Guten oder zum Bösen neigen. Er stimmt uns nicht um, lässt uns unseren Willen, denn ein Gläubiger sollte sich dessen bewusst sein, dass

Schlechtes in der Welt ohne göttlichen Konsens vor sich geht, Wohlgefälliges aber von Gott abgesegnet wird.

Sure 41,46 – Wer das Rechte tut, es ist für seine eigene Seele; und wer Böses tut, es ist wider sie.

Gute Taten können schon auf Erden ein zufriedenstellendes, glückreiches Leben einleiten, schlagen aber sicher am Ende der Welt positiv zu Buche, wohingegen sich Verachtenswertes zum Schaden der eigenen Existenz und der anderer auswirkt, in jedem Fall aber auch beim Großen Weltgericht der Aburteilung anheimfällt.
Ein Ausspruch betont, dass uns allen „das Schicksal auf die Stirn geschrieben“ sei. Beweis für eine unabänderliche, göttliche Vorherbestimmung? – Innerhalb dieser Vorherbestimmung bleibt jedem Einzelnen ausreichend Entscheidungsfreiraum, welcher im Sinne der Erwartungen Gottes zu nutzen ist. Wohl ist der Islam die Religion der Ergebung, der Unterordnung unter den Willen des Höchsten; sie ist gleichzeitig aber auch eine Religion, die andauerndes, ehrliches Bemühen erwartet und eine Haltung verneint, deren Grundtenor Lethargie bedeutet. Dabei ist der Glaube an das Schicksal, an die göttliche Vorsehung nicht gleichzusetzen mit dumpfem Fatalismus; schließlich bekam der Mensch auch seinen Verstand und seine Willenskraft von Gott.

8. Die Pflichtenlehre

Gott schuf den Menschen als höchstes Werk aller Kreatur und stellte vieles an Lebendem und Leblosem in seinen Dienst. In Anerkennung sollte sich der Mensch dieser göttlichen Wohltaten erinnern und aus einer angemessenen Dankbarkeit heraus zum Dienst an Gott bereit sein, er sollte vor allem den von Gott ergangenen Geboten und Verboten nachkommen. Die Erfüllungen der angewiesenen Pflichten nennen wir *Gottesdienst*. Drei Formen des Gottesdienstes vermag ein jeder in Betracht zu ziehen:

- die körperliche Form (etwa das Fasten)
- die materielle Form (etwa das Almosengeben)
- die körperlich-materielle Form (etwa die Wallfahrt)

Der Gottesdienst wendet sich nur an Gott; er wird so verrichtet, wie er durch die Offenbarung oder die Tradition bestimmt ist, er wacht über den Glauben und darf nur im angeordneten Ritus vollzogen werden.
Die islamische Pflichtenlehre beinhaltet fünf Grundpfeiler oder *Säulen*, die ein Gläubiger praktizieren muss, wenn er sich Muslim nennen will:

- das Bekenntnis zum Glauben (Schahada)
- das rituelle Gebet (Salat)
- das Fasten im Monat Ramadan (Saum)
- die Entrichtung der Armensteuer (Zakat)
- die Pilgerfahrt nach Mekka (Haddsch)

Um den Auflagen nachkommen zu können, muss der Mensch geistig gesund sein und die geschlechtliche Reife erlangt haben. Kinder und Geisteskranke sind von den Ausübungen dispensiert. Den Eltern obliegt die Aufgabe, ihre Kinder in die Religion und die religiösen Pflichten einzuführen.

8.1 Das Bekenntnis zum Glauben – Schahada

Glaube an den einen Gott, Unterordnung unter seinen Willen bestimmt die Haltung der Muslimen. Nach islamischem Verständnis ist jeder Mensch, der das Licht der Welt erblickt, ein Muslim. Erst durch

ein nicht-islamisches Ritual (etwa die christliche Taufe) wird das Neugeborene dem eigentlichen Weg der Rechtleitung entfremdet, wird es in eine andere Religion abgedrängt.
Die Kinder wachsen in den Familien im Sinne religionsgebundenen Brauchtums auf. Langatmige Erklärungen erfahren sie nicht; damit wären auch viele Eltern überfordert. Erzogen wird nicht verbal, sondern durch Vorleben und Nachahmen. Nun beherrschen aber Koran und Tradition das tägliche Leben mit ihren Regeln und Hinweisen dergestalt bis ins Einzelne, dass Religiöses und Profanes nicht voneinander zu trennen sind. Mit der Ethik des Zusammenlebens übernehmen also Heranwachsende die Grundlage des Islam.
Trotzdem verlangt die Überlieferung, dass junge Muslime – den Forderungen der Pflichtenlehre entsprechend – lernen, ihre Glaubenszugehörigkeit in Worte zu fassen. Ein erwachsener Gläubiger muss fähig sein, den Glaubenssatz

„Ich bezeuge, dass es außer Allah keinen Gott gibt, und ich bezeuge, dass Mohammed sein Diener und sein Gesandter ist",

in arabischer Sprache aufzusagen.
Mit diesem Bekenntnis anerkennen Muslime die Überlegenheit ihres Schöpfers als *Herr* und begeben sich in die untergeordnete Abhängigkeit eines *Dieners*/einer *Dienerin*. Sie verpflichten sich zur Erfüllung göttlicher Bestimmungen und zum Bemühen um Gottes Wohlgefallen. Das gesamte Leben sollte nach dem Muster des Islam im Dienst an Gott ausgerichtet sein. Laxheit in der Pflichtauffassung lässt von der Bahn der Rechtleitung abgleiten und ebnet den Weg zu Schuld und Sünde.
Wer das Bekenntnis nicht schon in der Familie hört und erfasst, der memoriert es im Religionsunterricht der Grundschule oder in einem Korankurs. In redlichen Familien spricht ein Angehöriger den Glaubenssatz über jedem Neugeborenen; und ein Sterbender sollte ihn als letzte Äußerung auf den Lippen tragen. Ist er in Agonie zur Formulierung nicht mehr fähig, so übernehmen Umstehende diese Pflicht für ihn.
Zusammen mit dem arabischen Wortlaut und der eminenten Bedeutung seines Inhalts lernen junge Muslime auch jene Situationen verstehen, in denen das Aufsagen des Bekenntnisses einer Sünde gleichkäme. Kein Gläubiger wagte es, den Glaubenssatz an „unreinem" Ort wie Stall oder Toilette zu murmeln. Auch im Zustand der rituellen Unreinheit ist es den Menschen verboten, die Glaubensbekräftigung in

den Mund zu nehmen, so Frauen während der Menstruation, Männern nach einer Ejakulation oder Partnern nach geschlechtlicher Vereinigung, bevor sie sich den rituell vorgeschriebenen Waschungen unterzogen haben.
Sollten Menschen, die nach den Grundsätzen einer anderen Religion erzogen wurden, die Absicht äußern, Gläubige im Sinne des Islam zu werden, so genügt für die Konversion das Aufsagen des Glaubenssatzes vor zwei rechtgläubigen Zeugen. Dass es nicht beim Lippenbekenntnis bleibt, sondern Konvertiten die Glaubensartikel, die Grundpflichten und das ethische Verhalten nach den Vorschriften der neuen Lehre aus vollem Herzen bejahen, wird vorausgesetzt. Im Zeichen sich ausweitender Organisation und Bürokratisierung lässt man einen vom Ministerium für religiöse Angelegenheiten eingesetzten Beauftragten, einen *Mufti*, Zeugschaft leisten. Vor ihm und noch anderen Angehörigen seines Amtes, vor Geistlichen, Vorbetern oder auch vor Mitgliedern der aufnehmenden Familie bekräftigen die Konvertierenden ihr Testat.
Oft sind es angeheiratete, junge Frauen aus andersreligiösen Ländern, die über dem Ringen um volle Anerkennung und im Hinblick auf eine ungebrochene Erziehung ihrer Kinder letztlich zum Übertritt bereit sind.
Das Bekenntnis zu Allah als dem *Einen* Gott und zu Mohammed, seinem Gesandten, ist im Arabischen als Satz rasch ausgedrückt. Vom Gehalt her bedeutet es jedoch die Unterwerfung unter den gesamten Kanon islamischer Vorschriften.

Die Gläubigen sondert man in drei Gruppen aus:

Rechtgläubige – Sie stehen unerschütterlich für die Grundlagen des Islam ein und praktizieren ihre Religion im religiösen wie weltlichen Bereich.

Heuchler – Sie besitzen Kenntnisse über ihre Religion, befolgen gewohnheitsmäßig manches Brauchtum; ihre Indolenz religiösen Dingen gegenüber lässt sie aber ihren Glauben innerlich nicht bejahen. Gott erkennen sie zwar an, seinem Willen geben sie sich aber nicht hin.

Ungläubige – Sie weisen zurück, was immer mit der Religion verbunden sein könnte; sie verweigern jede Art von Gottesdienst und erkennen die Existenz Gottes nicht an. Als ethischer Treibsand im Weltgeschehen neigen sie zu Gewalttaten.

Die Antwort auf ihre mehr oder weniger irreligiöse Lebensführung erfahren die Menschen nach ihrem Tod.
Als unverzeihbare, schwerste Sünde wird der Abfall vom rechten Glauben gewertet:

> Sure 3,90 – Wahrlich, die ungläubig wurden, nachdem sie geglaubt, und dann zunehmen an Unglauben: ihre Reue wird nicht angenommen werden, und sie sind die, die in die Irre gegangen sind.

Jedoch wird die Strafe für einen Renegaten nicht unbedingt erst im Jenseits zu erwarten sein:

> Sure 3,87 – Der Lohn solcher ist, dass über sie der Fluch Allahs und der Engel und aller Menschen kommen wird.

Der „Fluch aller Menschen" wurde von den irdischen Richtern als verbindlicher Hinweis aufgenommen; für Apostasie sieht die islamische Gesetzgebung die Todesstrafe vor. Die moderne Gerichtsbarkeit hat diesen Passus allerdings gestrichen.

8.2 Das rituelle Gebet – Salat

> Sure 20,130 – Lobpreise deinen Herrn vor Aufgang der Sonne und vor ihrem Untergang; und verherrliche ihn in den Stunden der Nacht und an den Enden des Tages, auf dass du wahre Glückseligkeit finden mögest.

Den zweiten Grundpfeiler gläubigen Muslimentums in die Tat umzusetzen erfordert Zeit, Disziplin und körperliche Fitness. Fünfmal am Tag die weltlichen Zwänge zu unterbrechen, Pflichten zu verschieben oder Gespräche vorschnell zu beenden, ist in einer Welt, die mit gesellschaftlichen Rhythmen diktiert, nicht immer leicht. Entsprechend ist die Zahl jener Gläubigen, die einem jeden Gebetsruf folgen, nur gering. Meist leisten ältere, aus dem Bereich der obligatorischen Beschäftigungen ausgeschiedene Männer dem Ruf des Muezzin Folge. Als gebotenes Offizium wird allerdings von Jung und Alt der Freitagsgottesdienst erachtet, der am Mittag zusätzlich zum *Namaz* (Gebet) eine Predigt beinhaltet. Ein angesehenes Gemeindemitglied versieht das Amt des Predigers, besteigt die untersten Stufen der Kanzel und wendet sich mit religiösen Erörterungen, ethischen Hinweisen oder Überlegungen zu Staatsführung und Gesellschaftsordnung an seine Zuhörer. Von islamischen Kanzeln herab darf politisiert werden.

Frauen bleiben diesen freitäglichen Veranstaltungen ebenso fern wie Feiertags- oder Beerdigungsgottesdiensten. Die Überlieferung will es nur, dass sie sich während des Fastenmonats Ramadan nach dem Abendessen zum *Teravi*, dem gemeinsamen Abendgebet, in der Moschee versammeln. Bedingung ist allerdings, dass das Gotteshaus über einen rückwärts gelegenen, abgetrennten Bereich verfügt, wo sich die Frauen auf einer Empore, hinter dünnen Vorhängen oder hinter Holzgittern verborgen, in Reihen formieren können. Dabei achten sie darauf, dass ihre älteren Geschlechtsgenossinnen im Vordergrund, die jüngeren zur Wand hin Aufstellung nehmen. Die Frauen sind vor neugierigen Blicken geschützt, haben aber die Möglichkeit, durch die Abschirmung hindurch den männlichen Bereich zu beobachten.
Zurückhaltung in der Kleidung ist bei einem Moscheebesuch eine Selbstverständlichkeit. Auch im Sommer ziehen die Frauen einen leichten Mantel über, in ländlichen Gegenden des islamischen Kulturraumes verhüllen sich vor allem die älteren mit einem *Tscharschaf* (schwarzer, leichter Überwurf); sie verstecken ihr Haar unter einem Tuch, Gesicht und Hände bleiben frei. Auffallende Schmuckstücke lassen sie in der Schatulle, der Lippenstift bleibt ungenutzt. Für die Männer sind die Bekleidungsauflagen weniger streng; jedoch achten auch sie darauf, dass sie in sauberer, ordentlicher Gewandung zum Gebet treten. Manche setzen im Gotteshaus ein halbkugelförmiges Käppchen aus dünnem Stoff oder feiner Häkelarbeit auf. Dieses Mützchen ist im Allgemeinen das Werk der Gattin; denn eine junge Braut bringt in ihrer Aussteuer alle Gegenstände mit, die man in einem gläubigen Haus für die Gebetsverrichtung erwarten darf. Dazu gehören ein Gebetsteppich, der so groß sein muss, dass ein Erwachsener darauf knien und die Stirn bis zum Boden niederbeugen kann, eine Gebetskette mit 99 Perlen aus Holz, Olivenkernen oder jenen Steinen, die in der Umgebung ihres Wohnorts gefunden werden, ein Gebetskäppchen für den Mann und ein rechteckiges Gebetstuch für die junge Frau. Dessen eine Seite ist mit Spitzen verziert und wird so um den Kopf gebunden, dass die Handarbeit in die Stirne hängt. Das Haar bleibt vollständig verdeckt. Unverheiratete legen das Tuch unter dem Kinn hinweg zur Schulter; Verheiratete hüllen in der Regel auch Mund und Nase ein.
Besondere Mühen macht sich ein junges Mädchen bei der Anfertigung und Verzierung der Korantasche, die in der Ehe das Heilige Buch schützen wird. Zu den Aufgaben des Brautvaters gehört es, einen Koran bereitzustellen.

Die Gebetsrequisiten einer religiös gebundenen Familie werden am Hochzeitsabend ihrer Bestimmung übergeben. Nachdem man das Brautpaar allein gelassen hat, schickt es sich an, jenes Nachtgebet zu sprechen, das der ersten ehelichen Vereinigung vorausgeht. Beide blicken in Richtung Mekka, der Bräutigam steht einen Schritt vor der Braut. Das Zusammenleben beginnt in scheuer Distanz mit frommen Versen in einer fremden Sprache.

Das Erlernen der Gebetsriten verlangt Aufmerksamkeit und Ausdauer. Sind die Kinder noch klein, so stellen sich die Mädchen neben den Frauen, die Jungen neben den Männern auf und versuchen, deren Bewegungen nachzuahmen. Jungen dürfen mitunter den Vater oder einen männlichen Verwandten zur Moschee begleiten. Das Einprägen der Gebetstexte bereitet besondere Mühen, da der religiöse Ritus im Islam nur in der arabischen Sprache vollzogen wird.

Der Religionsunterricht der Grundschule führt in die rituellen Reinigungspflichten und den Gebetsablauf ein. Viele Eltern erachten allerdings diese Unterweisung für nicht ausreichend und schicken ihre Kinder darüber hinaus noch in einen Korankurs.

Die Heranwachsenden hören auch, dass nicht nur in Gotteshäusern gebetet werden kann, sondern dass man Allah in seiner Allgegenwärtigkeit allerorts anrufen darf. Von Wichtigkeit ist die Einhaltung der vorgeschriebenen Gebetszeiten. In der Folge verharren die Gläubigen überall dort im Ritus, wo sie sich zu den festgesetzten Stunden gerade befinden. Ob Garten, Park, Feld, Wochenmarkt oder Straßenrand, ungeachtet etwaiger Vorkommnisse, etwaigen Lärms im Umfeld, sucht man anhand des Sonnenstandes die Gebetsrichtung zu bestimmen und richtet anschließend seine Aufmerksamkeit auf die Andachtsübung. Die Kraft der Konzentration ist bewundernswert.

Dass Frauen niemals wagen würden, sich in aller Öffentlichkeit zum *Namaz* niederzuwerfen, muss wohl nicht eigens betont werden. Exhibition und Ehrenhaftigkeit stehen nicht im Einklang. Der Bereich, in dem sie sich unbefangen bewegen können, sind Haus und Hof; und hier, in einem abgeschiedenen Winkel, verrichten sie ihr Gebet.

Zwei Arten von Gebeten kennen Muslime: zum einen können sie ohne zeitliche oder örtliche Bindung im freien Gespräch Gott zu Dank und Preis anrufen oder – aus wenig günstiger Situation heraus – um Hilfe, Rat und Trost anflehen; zum anderen sind sie sich ihrer Verpflichtung für das rituelle Gebet bewusst. Die Gläubigen unterziehen sich damit der wichtigsten aller Pflichten im Dienste am Höchsten. Mit seinen wechselnden Texten, seinen verschiedenen Körperhaltungen und Niederwerfungen stellt das Gebet die Verbindung zu Gott her und beweist die Ergebenheiten der Dienenden nicht nur verbal, sondern mit dem Ausdrucksvermögen des gesamten Körpers. Die vielseitige Beeinflussung des Charakters auch außerhalb des religiösen Bereiches ist offensichtlich:

- Die bewusste Einhaltung der Gebetszeiten stärkt das Gefühl für Disziplin und Gehorsam, sie kräftigt die Willensstärke. Wer Pflichttreue im Gottesdienst anerkennt, wird Pflichtbewusstsein auch im täglichen Leben praktizieren.
- Die Egalisierung in der sozialen Sphäre verstärkt das Gefühl für Verbundenheit, für Geschwisterlichkeit, für Nächstenliebe; denn im weiten Raum der Moschee knien in langen Reihen Arme neben Wohlhabenden, Meister neben Lehrlingen, Geschickte neben Ungeschickten, Gebildete neben Ungebildeten, Hellhäutige neben Dunkelhäutigen. Titel oder Besitz verlieren ihre Wertigkeit als Statussymbole; im Gebetsraum gibt es ein einziges Wesen, das sich über Gleichen erhebt, und das ist Allah.
- Die Erziehung zur Sauberkeit – nicht nur zur seelischen oder gedanklichen – ist eine wichtige Komponente; denn dem eigentlichen Gebetsritual gehen genau festgelegte Waschungen voraus.

Das täglich fünfmalige Gebet wurde in der Nacht der Himmelfahrt zur religiösen Pflicht erklärt, jener Nacht, da nach der Legende der Prophet Mohammed den Himmel schauen durfte. Die seinerzeit festgelegten Einzelheiten gelten bis in die Gegenwart.
Zur Andacht ruft die tremolierende Stimme des *Muezzin* (Gebetsrufer); sie erschallt klar vom schlanken Minarett und fordert in arabischer Sprache die Gläubigen mit folgenden Sätzen auf, zum *Namaz* (Gebet) in die Moschee zu eilen:

4× Allah ist der Größte.
2× Ich bezeuge, dass es außer Allah keinen Gott gibt.
2× Ich bezeuge, dass Mohammed Allahs Gesandter ist.
2× Auf zum Gebet!
2× Auf zur Errettung!
2× Allah ist der Größte.
1× Es gibt keinen Gott außer Allah.

Dem morgendlichen Ruf wird angehängt:

Gebet ist besser als Schlaf!

In der Zeit moderner Technik sind die meisten Gotteshäuser mit einem Lautsprecher ausgestattet, vielerorts bedient man sich statt der menschlichen Stimme eines Tonbands. Die Zeiten richten sich weniger nach der Uhr, denn nach dem Stand der Sonne:

- Morgengebet: Zwischen Morgengrauen und Sonnenaufgang, dann, wenn ein weißer Faden von einem schwarzen zu unterscheiden ist.
- Mittagsgebet: Zum Höchststand der Sonne; es mag dann beginnen, wenn die Sonne den Zenit gerade überschritten hat.
- Nachmittagsgebet: Steht die Sonne so am Himmel, dass der Schatten eines Gegenstandes doppelt so lang geworden ist wie seine Höhe, dann ist es Zeit für die Nachmittagsandacht.
- Abendgebet: Zwischen Sonnenuntergang und völliger Dunkelheit, wiederum dann, wenn der schwarze Faden vom weißen noch zu unterscheiden ist.
- Nachtgebet: Nach Einbruch der absolut finstern Nacht; es ist als Gebet vor dem Schlafengehen gedacht.

Von erhöhter Bedeutung ist der freitägliche Mittagsgottesdienst, an dem die Männer unbedingt in der Moschee teilzunehmen haben. Er beginnt mit einer Koranrezitation und enthält in seinem Ablauf – vor oder nach dem Gebet – eine Unterweisung von der Kanzel herab, die das Leben in der Gemeinde, im Staat, in der islamischen Welt oder auch einfach Alltagsermahnungen zum Gegenstand haben kann. Frauen, die es zu diesem Gottesdienst zieht, versammeln sich im rückwärtigen Teil der Moschee (s. o.).
Der Freitag hebt sich nur durch sein besonderes Mittagsritual von allen anderen Tagen ab. Ein Feiertag im Sinne unseres Sonntags ist er nicht. Vor und nach dem Gottesdienst kann gearbeitet werden:

> Sure 62,9 – O die ihr glaubt, wenn der Ruf zum Gebet am Freitag erschallt, dann eilet zum Gedenken Allahs und lasset den Handel ruhn.

Die Moschee betritt man nur in angemessener, sauberer Kleidung, und auch beim Gebet des Einzelnen in der häuslichen Stille werden jene Körperteile bedeckt, die das Schamgefühl zu verhüllen gebietet. Der Vorschrift gemäß muss sich der Mann vom Nabel bis zu den Knien bekleiden, die Frau bis auf Hände, Füße und Gesicht den gesamten Körper bedecken.

8.2.1 Die rituellen Waschungen

Als Vorbereitung für das Gebet kennt man drei Arten von Reinigung:

- die rituelle Ganzwaschung
- die rituelle Teilwaschung und
- die symbolische Waschung (Sandwaschung)

8.2.1.1 Die Ganzwaschung

Sie ist für Männer nach einem Samenerguss, für Frauen nach der Menstruation oder dem Wochenbett geboten. In derartigem Zustand der „Unreinheit" dürfen weder die Moschee betreten, noch der Koran berührt oder das rituelle Gebet verrichtet werden. Lediglich das Rezitieren von Koranversen aus dem Gedächtnis wäre erlaubt.

- Jede Waschung beginnt mit dem *Basmala* (Im Namen Allahs, des Gnädigen, des Barmherzigen) und dem Aussprechen des Vorsatzes (etwa: Reinigung zur Verrichtung des Nachtgebets).
- Dann werden die Hände dreimal gewaschen und jener Schmutz vom Körper entfernt, der ein Hindernis für die Ausübung des Gottesdienstes darstellt.
- Dreimal nimmt man Wasser in den Mund und spült ihn bis zum Hals aus.
- Dreimal zieht man Wasser in der Nase hoch und schneuzt es mit der linken Hand wieder aus.
- Mit Hilfe einer Wasserschale lässt man dreimal von der rechten Schulter, dreimal von der linken Schulter und dreimal über den Kopf Wasser abwärts laufen; dabei wird der Körper gründlich gerieben. Das Gefäß sollte ausreichend Wasser aufnehmen, denn am Körper darf keine Fläche – nicht einmal von der Größe einer Nadelspitze – unbenetzt bleiben.

Nach Ablauf dieses Vorgangs gilt der Körper rein im religiösen Sinn. In Wohnungen mit Duschbädern bedarf es natürlich keiner Wasserschale, hier übernimmt der Strahl der Brause die Waschung. Außer Diskussion steht allerdings die Badewanne; denn eine Reinigung in stehendem Wasser ist nicht erlaubt.

8.2.1.2 Die Teilwaschung

Sie ist vor dem Gebet oder dem Koranstudium angezeigt.

- Nach dem *Basmala* und dem Aussprechen der Absicht, die die Waschung bedingt, beginnt die Reinigung.
- Dreimal füllt man die hohle Hand mit Wasser, das über die linke Hand gegossen wird. Man reinigt auch die Stellen zwischen den Fingern, und wer einen Ring trägt, bewegt ihn hin und her, dass die darunterliegende Haut sauber wird. Anschließend wird auf gleiche Weise die rechte Hand gesäubert.
- Dreimal wird der Mund mit Wasser gefüllt und bis zum Hals gespült.
- Dreimal wird aus der rechten Hand Wasser in die Nase hochgezogen und mit der linken Hand ausgeschneuzt.
- Dreimal wird das Gesicht vom Haaransatz bis unter die Ohren und das Kinn gewaschen.
- Dreimal reinigt man zuerst den rechten, dann den linken Arm bis zum Ellenbogen.
- Mit der nassen, rechten Hand fährt man über die Haare (genau: über den vierten Teil des Kopfes).
- Dann macht man die Hände wieder nass und reinigt mit den beiden kleinen Fingern das Innere der Ohren, mit dem Daumen das Äußere der Ohren, mit den jeweils restlichen drei Fingern streicht man über den Nacken.
- Abschließend wäscht man – mit dem rechten beginnend – die Füße über die Knöchel, wobei die Reinigung zwischen den Zehen beachtet sei.

Auch bei der Teilwaschung ist darauf zu achten, dass die Körperteile gut befeuchtet werden. Das Wasser muss von den Gliedern abtropfen, sonst ist die Reinigung nicht gültig.

8.2.1.3 Die Sandwaschung

Sie wird dann empfohlen, wenn kein Wasser vorhanden ist, die nächste Wasserstelle mehr als vier Kilometer entfernt liegt oder nur unter Gefahren zu erreichen ist, wenn das Wasser aus hygienischen Gründen nicht verwendet werden kann, oder wenn vor einem in der Gemeinde zu feiernden Freitags-, Begräbnis- oder Festtagsgottesdienst keine Zeit mehr bleibt.

- Die Einleitung bildet wiederum das *Basmala* und die Formulierung der Absicht.
- Dann reibt man die Handflächen dreimal mit gespreizten Fingern an reinem Sand. Die Hände werden zuerst vor-, dann zurückgezogen und schließlich zweimal leicht aneinandergeklopft, so dass der haftende Staub abfällt.
- Mit den Innenflächen der Hand streicht man über das Gesicht.
- Abschließend reibt man noch die Arme bis zu den Ellenbogen ab.

> Sure 5,6 – O die ihr glaubt! Wenn ihr zum Gebet hintretet, so waschet euer Gesicht und eure Hände bis zu den Ellbogen, und wischet euch mit den nassen Händen über den Kopf, und (waschet) eure Füße bis zu den Knöcheln. Und wenn ihr unrein seid, reinigt euch (durch ein Bad). Und wenn ihr krank oder auf einer Reise seid (und dabei unrein), oder wenn einer von euch vom Abtritt kommt, oder wenn ihr Frauen berührt habt, und ihr findet kein Wasser, so nehmt feinen Sand und reibt euch damit Gesicht und Hände. Allah will euch nicht in Schwierigkeiten bringen. Er will euch nur reinigen und Seine Gnade an euch erfüllen, auf dass ihr dankbar sein möchtet.

Die rituelle Reinigung kann ungültig werden durch Körperausscheidungen und Blähungen, durch Blutungen oder Eiterungen, durch Erbrechen, Ohnmacht, Einschlafen, Trunkenheit, durch Lachen oder Weinen während des Gebets. In allen diesen Fällen müsste die Waschung wiederholt werden.
Um die erlangte Reinheit zu bewahren, verrichtet man das Gebet an einem rituell erlaubten Ort. Das ist in jedem Fall die Moschee, die durch ihre Teppiche vor einer Berührung mit dem nicht reinen Boden bewahrt. Die Gläubigen können sich aber auch durch Ausrollen eines sauberen Gebetsteppichs, Kleidungsstücks, Tuches oder sogar Papiers (bis hin zur Zeitung) ein eigenes Gebetsrefugium schaffen. Der kultische Ort darf nicht beschmutzt werden; so erklärt sich das Abstreifen der Schuhe beim Betreten einer Moschee.

8.2.2 Der Gebetsablauf

Folgende Bedingungen müssen während des Gebets erfüllt werden, damit es Anerkennung finden kann:

- Das Gebet muss im Stehen begonnen werden.
- Als Gebetstext muss ein Abschnitt aus dem Koran rezitiert werden.

- Die Betenden haben sich so weit zu verbeugen, dass ihre Hände die Knie berühren.
- Nase, Stirn, Hände, Knie und Füße müssen bei der Niederwerfung den Boden berühren.
- Das Gebet ist mit einer letzten Wortfolge bei kniend-sitzender Körperhaltung zu beenden.

Würde eine dieser Vorschriften außer Acht gelassen, so wäre das Gebet ungültig.
Unter Beachtung der Gebetszeit und der Kleidervorschriften und nach Erfüllung der Reinigungsverpflichtungen stellen sich nun die Gläubigen auf einem Gebetsteppich so auf, dass sich ihre Blicke zur Kaaba in Mekka wenden. Sie verbalisieren deutlich ihre Absicht (etwa: Zu Gottes Wohlgefallen möchte ich das Nachtgebet verrichten). Dabei legen die Männer ihre fünf Finger hinter das Ohr, die Handinnenfläche dreht sich in Richtung der Kaaba. Frauen halten die Hände mit den Fingerspitzen nach oben in Brusthöhe, wobei die Finger die Schulterlinie nicht überragen dürfen.
Mit dem „Allahu akbar" (Gott ist der Größte) wird symbolisch die Verbindung mit der Umwelt abgebrochen, wird die Hinwendung allein zu Gott bekräftigt und das Gebet begonnen (Bilder 1 und 2).

Bild 1

Bild 2

Der erste Text wird im Stehen aufgesagt, wobei die rechte Hand das linke Handgelenk umfasst. Männer halten ihre Hände auf dem Bauch, Frauen über der Brust (Bilder 3 und 4).

Bild 3

Bild 4

Nach dem Gebet folgt wieder „Allahu akbar", und nun verbeugen sich die Gläubigen. Sie stützen ihre Hände auf die Knie, Kopf und Rücken bilden bei den Männern eine waagerechte Linie, Die Frauen verbeugen sich weniger tief. Der Blick bleibt auf die Füße gerichtet (Bilder 5 und 6).

Bild 5

Bild 6

Während man so verharrt, spricht man dreimal: „Ehre sei meinem großen Herrn!" Im Aufrichten sagen die Betenden: „Erhöre Gott jenen, der ihn lobt!" Die Arme hängen jetzt wieder am Körper herunter. Es folgt der Ausspruch: „Dir gebührt Ehre, unser Gott!" Mit einem abermaligen „Allahu akbar" lassen sich die Gläubigen auf beide Knie sinken, sie neigen sich nach vorn, legen die Hände flach auf den Boden und berühren mit Stirn und Nase den Boden zwischen ihren Händen. Die Zehen sind nach vorn gebogen, die Füße dürfen sich nicht heben (Bilder 7 und 8).

Bild 7

Bild 8

Dreimal sagt man in dieser Stellung: „Ehre sei meinem allerhöchsten Herrn!" Mit „Allahu akbar" setzt man sich zurück auf die Fersen, die Hände liegen auf den Oberschenkeln (Bilder 9 und 10).

Bild 9

Bild 10

Noch einmal ist es geboten, Kopf und Hände unter Murmeln der preisenden Sprüche bis zum Boden zu neigen, dann steht man auf. Der erste Teil des Gebets ist verrichtet.
Einen solchen Gebetsabschnitt mit seiner zweimaligen Niederwerfung nennt man *Raka*. Bei den weiteren Gebetsteilen wiederholt sich der äußere Ablauf in gleicher Weise; die dem Koran entnommenen Texte jedoch ändern sich. Ein Gebet kann zehn und mehr dieser *Raka* enthalten.

Zum Abschluss eines rituellen Gebets bleibt man eine kleine Weile kniend auf den Fersen sitzen, wobei die Männer den rechten Fuß hochstellen und den linken legen, während die Frauen beide Füße nach rechts legen (Bilder 9 und 10). Die Hände ruhen auf den Oberschenkeln, der Blick geht geradeaus. Nun entbietet man den Gruß. Man dreht den Kopf nach rechts, blickt über die eigene Schulter und spricht: „Friede sei über euch und Gottes Gnade!“ Dann wendet man den Kopf nach links und wiederholt die Grußformel. Das Gebet ist beendet.
Religiöse Menschen von hohem Pflichtbewusstsein erweitern freiwillig ihre Übungen, indem sie den verbindlich festgelegten Gebeten noch zusätzliche anfügen, entweder vor oder nach den Pflichtgebeten. Diese freiwilligen Texte werden *Sunna* genannt. Entsprechend könnte die tägliche Gebetsverpflichtung für gläubige Muslime folgendermaßen aussehen:

Morgengebet:	2 Zusatzgebete + 2 Pflichtgebete	=	4 Raka
Mittagsgebet	4 Zusatzgebete + 4 Pflichtgebete + 2 Zusatzgebete	=	10 Raka
Nachmittagsgebet	4 Zusatzgebete + 4 Pflichtgebete	=	8 Raka
Abendgebet	3 Zusatzgebete + 2 Pflichtgebete	=	5 Raka
Nachtgebet	4 Zusatzgebete + 4 Pflichtgebete + 2 Zusatzgebete	=	10 Raka

Fügt man dem Nachtgebet noch drei mögliche *Sunna* an, so besteht das gesamte Ritual aus 13 Raka. Bedenkt man nun, dass sich die Texte von Gebet zu Gebet ändern, dass es neben den täglichen fünf Andachten noch Toten-, Fasten-, Festtags- und Reisegebete gibt, und dass alle Rezitationen auch von Muslimen anderer Muttersprache auf Arabisch gesprochen werden müssen, so ist es verständlich, dass die Gläubigen – vornehmlich die Männer – gerne zur Moschee eilen, um sich der Führung eines Vorbeters *(Imam)* anzuvertrauen. Der *Imam* steht vor den Reihen der Betenden und leitet den Andachtsritus. Einen Teil der Texte spricht er allein; die Betenden sind jedoch verpflichtet, ihm in Gedanken zu folgen.
Das ausdrucksstarke islamische Gebet mit seien Verbeugungen, Niederwerfungen und Verharrungen bringt nicht nur religiöse Resonanz zum Klingen, es schult auch Körper und Gedächtnis. Und darüber hinaus sollte man einen Aspekt nicht vergessen: die pflichtgemäß zu erfüllende

Andachtsübung erfordert Zeit. Nun ist es in einer Ära fortschreitender Zivilisation mit ihren gesellschaftlichen Zwängen für Menschen, die in den Arbeitsprozess eingebunden sind, mitunter sehr schwierig, ja unmöglich, die säkularen Aufgaben zugunsten einer Gebetsverrichtung zu unterbrechen. Wohl gibt es die Möglichkeit, versäumte Gebete am Tagesende nachzuholen. So wird es verständlich, dass – vor allem in den Städten – der Ruf des Muezzin mehr und mehr ungehört verhallt. Der Freitagsgottesdienst bildet die Ausnahme; gegen Mittag legt der Handwerker sein Arbeitsgerät weg, schließt der Geschäftsmann seinen Laden, um der Predigt des *Hatip* (Prediger) zu lauschen. Dieses Offizium erkennen alle Gläubigen von Jugend auf als verbindlich an. Zu den übrigen Gebetszeiten sind es eben meist ältere Männer, die sich zum Ritual in der Gemeinsamkeit versammeln.
Gebete festigen das Fundament des Glaubens, sie beweisen den Gehorsam, sie bestätigen den Glauben an Gottes unendliche Überlegenheit. Disziplin müssen die Gläubigen nicht nur hinsichtlich der Anerkennung ihrer Pflichten beweisen – der gesamte Ablauf verlangt Selbstzucht; denn die Möglichkeiten, durch eine Unbedachtsamkeit die Gültigkeit des löblichen Vorhabens zu löschen, sind zahlreich. Mit der Form des frommen Brauches lernen deshalb junge Muslime gleichzeitig all jene Gegebenheiten, die den Segen des Gebets außer Kraft setzen können.

Dazu zählen:

- während des Gebets mit anderen zu sprechen,
- zu essen, zu trinken, zu kauen,
- zu lachen oder zu seufzen, vernehmbar zu schnaufen,
- sich mit dem Körper von der Gebetsrichtung (Mekka) abzuwenden,
- jemanden zu grüßen oder einen Gruß anzunehmen,
- mit Kleidern oder Schmuck zu spielen,
- einen Vers besonders laut zu sprechen in der Absicht, einem anderen Antwort zu geben,
- einen Vers falsch zu sprechen und dadurch seine Bedeutung zu verändern,
- mit dem anderen Geschlecht (ohne gebührenden Abstand) in einer Reihe zu beten,
- unnötig zu husten,
- einen zu verhüllenden Körperteil während des Gebets aufzudecken,
- beim Morgengebet das Aufgehen der Sonne abzuwarten.

Verpönt sind darüber hinaus:

- zu gähnen oder sich zu strecken,
- mit unangemessener Kleidung zum Gebet zu erscheinen,
- falsche Sitzhaltung einzunehmen,
- die Augen zu reiben oder nach oben zu richten,
- den Kopf aus der Gebetsrichtung zu drehen,
- beim Gemeinschaftsgebet gesondert zu stehen,
- während des Gebets Feuer, Bilder oder menschliche Gesichter zu betrachten.

Ferner ist darauf zu achten, dass ein Mann nicht hinter einer Frau oder einem Kind, ein geistig Gesunder nicht hinter einem geistig Kranken oder einem Betrunkenen, ein rituell Reiner nicht hinter einem durch Ausscheidungen Verunreinigten zu stehen kommt.
Vom Besuch der Moschee befreit sind Kranke oder Behinderte (etwa Blinde, Gelähmte), Unfreie, Entmündigte, auf Reisen Befindliche, sehr Alte und mit der Krankenpflege Befasste.
Bei den verschiedenen Rezitationen wechseln die dem Koran entnommenen Texte. Eine Sure jedoch wird immer wieder zum Lobe Gottes, zur Betonung der Untertänigkeit eines Gläubigen und zur Bitte um Rechtleitung gesprochen – es ist die Eingangssure des Koran, die Sure *al-Fatiha*, die in der Regel den ersten Gebeststext darstellt:

> Im Namen Allahs, des Gnädigen, des Barmherzigen,
> Preis sei Allah, dem Herrn der Welten,
> dem Gnädigen, dem Barmherzigen,
> dem Herrscher am Tag des Gerichts.
> Dir allein dienen wir, und zu Dir allein flehen wir um Beistand.
> Führe uns auf den rechten Weg,
> den Weg derer, denen Du Deinen Segen gewährt hast,
> die nicht (Dein) Missfallen erregt haben und die nicht irregegangen sind.

8.2.3 Die Moscheen

> Sure 2,125 – Und gedenkt der Zeit, da wir das Haus zu einem Versammlungsort für die Menschheit machten und zu einer Zuflucht.

> Sure 2,114 – Und wer ist ungerechter, als wer verhindert, dass Allahs Name verherrlicht werde in Allahs Tempeln? Es ziemt sich nicht für solche, sie anders zu betreten denn in Furcht.

Allah ist überall, die Oberfläche unserer Erde darf ein einziges Gotteshaus genannt werden; im Wohnbereich, am Arbeitsplatz, im Garten oder auf dem Feld – allerorts können Muslime Gott anrufen. Aus dieser Sicht sollte sich eigentlich die Errichtung von Stätten der Anbetung erübrigen. Jedoch verlangt der Islam als gemeinschaftsbetonende Religion gemeindliche Versammlungssäle, und die erste Moschee ließ Mohammed nach seiner Auswanderung aus Mekka schon auf dem Weg ins Exil in dem kleinen Ort *Kuba* errichten. Er soll am Herbeischaffen der Steine selbst mitgewirkt haben; als Name für das unscheinbare Gebäude wurde *Moschee* bestimmt = „der Ort, an dem man sich niederwirft". Die nächste Moschee in Medina erhielt dann bereits einen zweckbestimmten Anbau, jedoch liegen zwischen diesen primitiven Anfangsbauwerken und den Prachtanlagen der so genannten Arabischen Welt, durch die heute bewundernde Touristenströme geschleust werden, architektonische Welten.
Zwei Arten der Kultstätten unterscheiden die Gläubigen: die kleinere Ausführung, auch *Mesdschid* genannt, die der Zusammenkunft zum rituellen Gebet dient, und die *Freitagsmoschee*, in deren Mauern neben den täglich fünfmaligen Übungen der wöchentliche Predigtgottesdienst stattfindet. Gemeinsam ist ihnen:

- die Gebetsrichtung, in der eine der Mauern liegen muss,
- die Gebetsnische *(Mihrab)*, die in diese Mauer eingelassen ist,
- eine Waschanlage für die rituelle Reinigung,
- die Ausstattung mit Matten und Teppichen, die die Berührung mit dem Boden verhindern und die rituelle Reinheit erhalten kann.

Hofmoscheen sind um einen quadratischen oder rechteckigen Hof angelegt; eine Seite schließt das Gotteshaus ab, seitliche Hallen bilden die weitere Umgrenzung. Ein überdachter, mitunter reich verzierter Brunnen mit zentralem Springbrunnen und Wasserhähnen an den Außenwänden – *Schadirwan* genannt – lädt in der Mitte des Hofes mit niederen Sitzmöglichkeiten zur Waschung ein. Da kein Gebot das Barfußgehen bestimmt, streifen nach der Prozedur die Männer ihre Socken wieder über, stellen vor dem Betreten der Moschee ihre Schuhe in ein Regal und schlüpfen dann durch den Spalt, den ein – das Eingangstor abschließender – schwerer Vorhang aus Leder oder dickem Drell freigibt. Die großflächigen Teppiche sind weich und gepflegt, mitunter wertvoll. Über ein Gelübde gelangen sie oft aus Dankbarkeit an Ort und Stelle. Als etwa einmal ein türkisches Regierungsmitglied bei einem Flugzeugabsturz wundersam gerettet wurde, stiftete seine Familie für eine ganze Moschee einen neuen Bodenbelag.

Die Betenden nähern sich dem *Mihrab*, vor dem der Imam Aufstellung nimmt, um das Ritual zu leiten, und gliedern sich in lange Reihen. Rechts von der Gebetsnische erhebt sich in den Freitagsmoscheen die Kanzel *(Mimber)*, wie auch in christlichen Kirchen eine Treppe mit abschließender Plattform. Geländer und Abschluss weisen meist kunstvollen Schmuck in Holzschnitzerei oder Steinarbeit auf.

Aus jener Zeit, da noch kein elektrischer Strom die Dunkelheit erhellte, stammen die von der Decke hängenden, vasenförmigen Behälter aus Glas oder Metall – die *Moscheeampeln* –, deren Einsätze für Öl gedacht sind. In manchen großen Gotteshäusern sind auch aus vielen, einfachen Einzelglasschalen zusammengefügte Kronleuchter zu bewundern. Wertvolle, handschriftlich gefertigte, alte Ausgaben des Heiligen Buches werden in *Korankästen* aufbewahrt. Zur Lesung oder zum Studium holt man sie hervor und öffnet sie auf Lesepulten *(Rahla)*. Außerhalb der Gebetszeiten trifft der Beobachter Jungen an, die als Koranschüler mit untergeschlagenen Beinen, den Kopf mit einem Käppchen bedeckt, vor diesen schweren Bänden hocken und, noch eben vernehmbar, Suren vor sich hinmurmeln, wobei sie – gleichsam rhythmisierend – den Oberkörper auf und ab wiegen.

Kultgegenstände würde man in Moscheen vergebens suchen. Außer einem ehrlichen Herzen bedarf es zur Verbindung mit Gott keines Mittlers. Des Verbots wegen sind auch keine Bilder zu entdecken, es sei denn, man wollte die kunstvoll gefertigten, arabischen Schriftzeichen als solche ansehen oder die prächtigen Fayencen, die als farbenfrohe Fliesen manche Innen- und auch Außenwand schmücken. In den berühmtesten Moscheen spricht allein die Wucht der Architektur mit ihren Kuppeln und Säulen, ihren Bogen und Kapitellen für sich: ein einziges Gotteslob.

Nicht eherner Glockenschall verkündet den Ruf zum Gottesdienst; der *Muezzin* mahnt kräftig und doch verhalten, mit getragener Monotonie und doch eindringlich zum Gebet. In einer Zeit, da noch keine Lautsprecheranlagen überlaut und leicht verzerrt das „Gott ist der Größte“ über die Dächer verbreiteten, stieg der Muezzin über die Innentreppe des Minaretts zu einem der Balkone hinauf und erhob seine kaum modulierende Stimme, während er die Daumen hinter seine Ohren legte und mit den offenen Handflächen nach vorne wies, als solle diese Gebärde die Gläubigen auffordern, ihn nicht nur zu hören, sondern auch zu erhören. Es bedarf jahrelanger Übung, um die richtige Tonlage zu treffen, um der Stimme jene Eindringlichkeit zu verleihen, die sie aus großer Höhe vernehmbar macht, sie dabei weder in Geschrei noch in Gesang umschlagen lässt und den arabischen Wortlaut in exakter Artikulation zu Gehör bringt.

Blinden Männern wurde von jeher für die Aufgabe des Muezzins ein Vorrang eingeräumt. Nicht nur, dass mangelndes Augenlicht das Gehör verfeinert und das Gedächtnis schärft – Blinden ist es verwehrt, hinter die Hof- und Gartenmauern zu spähen, wo es der weibliche Bevölkerungsteil gewöhnt ist, sich in gleichgeschlechtlicher Vertrautheit ungezwungen zu bewegen.

In alter Zeit, da noch reichlich Steuern in den Haushalt der Herrscher und in die Börsen der höchsten Staatsdiener flossen, deutete es sowohl auf ein Gott wohlgefälliges Verhalten als auch auf Liebe zu den Menschen hin, wenn man seinen Überfluss in einem Bauwerk anlegte, dessen Nutzen der Allgemeinheit zugute kam. So entstanden zahlreiche Moscheen, die den Namen ihres Stifters bis heute tragen, Namen von Sultanen oder Sultansmüttern, Prinzen oder Prinzessinnen, Wesiren oder Gouverneuren.

Wie bei anderen Stiftungen auch, behielt sich der Spender im Garten der Moschee meist die Errichtung einer *Türbe,* eines kleinen Mausoleums, vor, um dort mit seinen nächsten Angehörigen eine letzte Ruhestätte zu finden.

8.3 Das Fasten im Monat Ramadan – Saum

Die islamische Zeitrechnung, die seit der *Hidschra*, der Auswanderung Mohammeds von Mekka nach Medina (622 n. Chr.), die Zeitläufe feststellt, richtet sich nicht nach dem Stand der Sonne, sondern zählt die Mondjahre mit ihren nur 354 Tagen. Zwei oder drei Tage nach Neumond beginnend, umfassen die Monate 30 Tage (die ungeraden) oder 29 Tage (die geraden Monate). Wegen der auf das Sonnenjahr fehlenden Tage bewegt sich das Neujahr durch alle Jahreszeiten. Der neunte Monat – *Ramadan* – genießt besondere Beachtung, denn er wurde zwei Jahre nach der Hidschra zum Heiligen Fastenmonat bestimmt. Es geschah dies in Erinnerung an die Übermittlung des Heiligen Buches der Muslime an die Erdenbewohner:

Sure 2,185 – Der Monat Ramadan ist der, in welchem der Koran herabgesandt ward als eine Weisung für die Menschheit mit deutlichen Beweisen der Leitung und Unterscheidung. Wer von euch daher in diesem Monat daheim anwesend ist, der möge den ganzen Ramadan hindurch fasten.

Die Anforderungen an Körper und Willenskraft sind während dieser Zeit hoch, denn Fasten bedeutet nicht nur Enthaltsamkeit gegenüber bestimmten Speisen, sondern die absolut Abstinenz hinsichtlich Essens, Trinkens, Tabakgenusses, Parfümgebrauchs, sexueller Handlungen und all dessen, was einen gewissen Aufwand in den Tagesablauf bringen könnte, vom Sonnenaufgang bis zum Sonnenuntergang.
Wie bei der Erfüllung der Gebetspflichten vermögen die Gläubigen ihre Charakterstärke, ihre Disziplin, ihre Unterwürfigkeit gegenüber Gott unter Beweis zu stellen. Sie betrachten die Befolgung des dritten Glaubenspfeilers als einen Dank an den Höchsten für seine Gnade, die er den Menschen jeden Tag von Neuem erweist.
Der physische Nutzen ist sicher nicht von der Hand zu weisen. „Heilfasten" wurde auch zu einem Schlagwort der modernen Medizin, und eine Entlastung des Verdauungsapparates über viele Stunden hinweg kann sich – bei nur angemessener körperlicher Belastung – positiv auswirken:

Sure 2,184 – Und Fasten ist gut für euch, wenn ihr es nur begreifen würdet.

Vor allem aber ist der Fastenmonat Ramadan eine Zeit religiösen Hochgefühls. Man praktiziert seine Frömmigkeit bewusst. Die Überwindung körperlicher Bedürfnisse oder Begierden vermittelt die Genugtuung des Erfolges, wie er persönlicher Pflichttreue entspringt.
Das Gefühl der Geschwisterlichkeit und Nächstenliebe erstarkt, denn man richtet sich in der Gemeinsamkeit nach den Vorschriften des Rituals, steht gemeinsam vor Tag auf, sitzt bis in die Nacht zusammen, man sucht verstärkt die Moschee auf und vermeidet Anlässe zu heftigem Wortwechsel oder anstößigem Handeln. Reiche und Arme werden einander näher gebracht, denn die Wohlhabenden spüren jenen Hunger, mit dem Besitzlose oft leben müssen. Verfeindete sind eher bereit, sich wieder zu versöhnen, und in jeder Weise ist man bemüht, Gottes Wohlgefallen zu erringen. So wird auch der Alkohol für einige Wochen von der Tafel verbannt, und manches in guter Absicht gefüllte Glas bleibt unberührt.

Sure 2,185 – O die ihr glaubt! Fasten ist euch vorgeschrieben, wie es denen vor euch vorgeschrieben war, auf dass ihr gerecht werden möget.

Der Tagesablauf erfährt eine rigorose Veränderung; denn gegessen werden darf nur noch dann, wenn der Himmel die Nacht kündet. Etwa eine Stunde vor dem Morgengrauen erheben sich die Erwachsenen. In vielen Städten ist es Sitte, dass Trommler durch die Straßen ziehen und die Schlafenden von ihren Lagern scheuchen. Die Familien setzen sich zum *Sahur* (dem Essen vor Tagesanbruch) an den Tisch, meist einem schweigsamen, schlaftrunkenen Mahl; denn die abrupt unterbrochene Ruhe macht sich bemerkbar. Nach Beendigung spült man sich den Mund und drückt die Absicht des Fastens wörtlich aus.
Im Tagesverlauf erhalten die gewohnten Beschäftigungen ihr Recht, wiewohl manche Arbeiten – der fehlenden Kraft wegen – etwas bedächtiger ausgeführt werden. Lesekundige sollten verstärkt den Koran zur Erbauung aufschlagen, Gutsituierte sich um Minderbemittelte kümmern.
Die Hausfrauen verwenden mehr Sorgfalt als üblich auf die Zubereitung des Abendessens, des *Iftar* (Abendessen im Ramadan), zu dem man gerne Freunde einlädt, an dem man aber auch Bedürftige teilnehmen lässt.
Den Zeitpunkt des Fastenbrechens verkündet an jedem Abend in größeren Orten ein Böllerschuss, in jedem Fall aber leuchten die Lichterketten auf, mit denen im Ramadan die Minarette umkränzt sind. Radio und Fernsehen melden das Ende der Enthaltsamkeit, und ein Schluck Wasser leitet über zu jenem Tagesabschnitt, in dem geschmaust und geschmaucht werden darf. Die Tische warten gedeckt, das Essen steht bereit. Ein gemeinsames Mahl nach gemeinsam ertragenem Opfer verbindet in hohem Maße; der über lange Stunden geschonte Magen verströmt – gut gefüllt – Kraft, regt zu frohen Gesprächen an, und bald herrscht eine gediegene Atmosphäre gelöster Heiterkeit.
Im Winter, wenn die Tage kurz und die Nächte lang sind, können die Strapazen des Fastens leichter ertragen werden als im Sommer, denn mit der Morgendämmerung muss das Mahl beendet sein:

Sure 2,187 – Und esset und trinket, bis der weiße Faden von dem schwarzen Faden der Morgenröte zu unterscheiden ist. Dann vollendet das Fasten bis zum Einbruch der Nacht.

In ländlichen Gegenden stellt man die Gewohnheiten um. Nach dem Sahur legt man sich schlafen, ruht bis weit in den Tag hinein, erhebt

sich dann zu den notwendigen Verrichtungen, genießt die abendliche Gemeinsamkeit des Iftar und bleibt wach bis zur Morgenmahlzeit.
In den Städten mit ihren Bürozeiten, Schichten in der Industrie, Ladenöffnungsterminen und anderen zeitgebundenen Obliegenheiten, mit ihren Anforderungen an Nerven, Denkgenauigkeit und Körperkraft im Berufsdasein wird es immer schwieriger, das Fastengebot ohne Schädigung einzuhalten. So nimmt die Zahl jener, die sich dem Ritual nicht mehr unterziehen, ständig zu. Diese Menschen essen auch nicht etwa heimlich, sondern sie sprechen ganz offen über ihre Gründe. Dabei können sie sich auf den Koran berufen:

Sure 2,185 – Allah wünscht es euch leicht, nicht schwer zu machen.

Jedoch sollte man für die Verweigerung des rituellen Gebots eine Ausgleichsleistung, etwa durch verstärktes Almosengeben, einbringen. Chronisch Kranke, Alte und Schwache dürfen für einen versäumten Fasttag die beiden Mahlzeiten oder deren Geldwert an einen Armen abgeben:

Sure 2,184 – Und für jene, die es schwerlich bestehen würden, ist eine Ablösung angesehen: Speisung eines Armen. Und wer mit freiwilligem Gehorsam ein gutes Werk vollbringt, das ist noch besser für ihn.

Schwangere und stillende Mütter sind vom Fasten befreit. Reisende, akut Erkrankte und Frauen während der Menstruation holen die versäumten Fasttage zu anderer Zeit nach:

Sure 2,185 – Wer aber krank oder auf Reisen ist, der faste ebenso viele andere Tage.

Das Fasten im Verlauf des Tages bewusst zu brechen, nachdem man vor Tagesanbruch seine Absicht hörbar geäußert hat, zählt zu den großen Sünden. Es genügt, sich den Mund mit Regen, Schnee oder Hagel füllen zu lassen und damit den Durst zu stillen, um nach den Gesetzen mit einer Strafe von 61 zusätzlichen, ununterbrochenen Fasttagen belegt zu werden. Gleich verwerflich gelten das Essen, das Rauchen, der Genuss von Schnupftabak und der Austausch von Zärtlichkeiten.
Jedoch ist Gott – trotz seiner vielfältigen Drohungen mit Verdammnis und Jüngstem Gericht – barmherzig und gnädig und öffnet immer wieder eine Tür zu Nachlass und Vergebung. So kann sich ein wohlhabender Sünder dadurch rehabilitieren, dass er einen Bedürftigen 61 Tage lang sättigt oder 61 Arme einen Tag lang ernährt. Fehlen für einen Ausgleich solcher Art die materiellen Voraussetzungen, so kann der in Schuld Geratene auch Gott um Vergebung bitten.

Wie sorgfältig der Fastende darauf achten muss, dass er nicht aus Zufall eine Winzigkeit zu sich nimmt, sollen jene Beispiele zeigen, die ein *eintägiges* Nachfasten verursachen:

- (in der Küche) Mehl, Teig oder Reiskörner essen;
- im Mund belassene Kirsch- oder Olivenkerne verschlucken;
- am Arbeitsplatz Papier, Watte (Baumwolle) oder Sand in den Mund bekommen und schlucken;
- Öl ins Ohr tropfen;
- die Farbe eines in den Mund genommenen Nähfadens schlucken;
- bei stürmischem Wetter Regen, Schnee oder Hagel unwillentlich schlucken.

Erlaubt und *Verboten* liegen mitunter sehr nahe beisammen. Ohrentropfen etwa sind tagsüber verpönt; Wasser hingegen, das bei der Körperreinigung oder beim Schwimmen in den Gehörgang dringt, wird nicht belastend gewertet. Selbst wer unachtsam genug ist, unbewusst zu essen oder zu trinken, allerdings im Augenblick des Erinnerns zu schlucken aufhört und sich den Mund ausspült, kann weiterfasten.
Als weitere Dinge, die das Fasten nicht außer Kraft setzen, seien erwähnt:

- Zähne putzen,
- Tabakrauch oder Essensduft gezwungenermaßen einziehen,
- an Blumen riechen,
- Kindernahrung oder Essen kosten, ohne die Kostprobe zu schlucken,
- Blut spenden,
- sich übergeben,
- Salbe auf eine offene Wunde streichen oder Puder darüber streuen,
- in den Zähnen hängengebliebene Speisereste schlucken,
- Creme auftragen,
- mit Wasser gurgeln,
- durch den Arzt eine Injektion verabreichen lassen.

Eine dreißigtägige Fastenzeit verlangt Charakterstärke. Kettenraucher müssen über Nacht abstinent werden; alle hochsommerliche Sonnenglut vermag kein Tröpfchen Nass über den Gaumen zu bringen. Menschlichem Verlangen werden Grenzen gesetzt, sinnliches Begehren wird zurückgedrängt, Disziplin wird zur inneren und äußeren Haltung. Für den Alltag erwartet man von gläubigen Menschen, dass sie fähig sind, diese religiösen Übungen der Beherrschung auch auf das weltliche Dasein übertragen zu können. Wer die Weisungen Gottes befolgt, erkennt seine Rolle auch im Irdischen an; Zuverlässigkeit sollte ihn als Mitglied der muslimischen Gemeinschaft auszeichnen.

8.4 Armensteuer und Freigebigkeit – Zakat

> Sure 64,16 – So fürchtet Allah, so viel ihr nur könnt, und höret und gehorchet und spendet; es wird für euch selbst besser sein.

Diese Sure beinhaltet eine zwar undeutliche Verheißung, aber doch eine positive Aussicht, welche zu kleinen, guten Werken anregen kann. So ist die *Armensteuer (Zakat)* von tieferer Bedeutung. Sie ist islamisches Gebot, in ihrem Ausmaß genau festgelegt und einmal im Jahr zu entrichten:

> Sure 2,110 – Verrichtet das Gebet und zahlet die Zakat; und was ihr Gutes für euch voraussendet, das sollt ihr bei Allah wiederfinden.

Ein Erwachsener, der geistig gesund ist, hat von jenen Einkünften, die den eigenen Bedarf und den seiner Familie übersteigen, den vierzigsten Teil zur Unterstützung anderer abzuführen. Bedingung ist, dass dieses Mehr wenigstens den Wert von 96 Gramm Gold oder 641 Gramm Silber ausmacht. Die Zahlung richtet sich (Ehegatten ausgenommen) an bedürftige Verwandte, jedoch nicht in auf- oder absteigender Linie, da die Versorgung der eigenen Eltern oder Kinder als Selbstverständlichkeit erachtet wird. Sie bedenkt Unversorgte, in Not geratene Schuldner, die ihren Verpflichtungen nicht mehr nachkommen können, arme Studenten oder Soldaten, Reisende, die in der Fremde ohne Geld geblieben sind, oder Wohlfahrtsverbände.

Die Armensteuer wird je nach Distanz des persönlichen Verhältnisses oder des Aufenthaltsortes entrichtet. So kommen zunächst die Verwandten in den Genuss der Zahlung, dann die Armen der Nachbarschaft, der Stadt, des Landes oder auch solche, die ihren Aufenthalt im Ausland haben. Wichtig ist, dass sie sich zum Islam bekennen.

Wer große Herden von Rindern, Kamelen, Schafen oder Ziegen besitzt, gibt 2,5 % an Tieren oder den Gegenwert in Geld ab. Immobilien und Wohnungseinrichtungen unterliegen keiner Steuer, wohl aber die Einkünfte aus Häusern, Geschäften, Badehäusern, Restaurants, Hotels, Weinbergen, Gärten und Feldern.

Im Gebrauch befindliches Werkzeug, Reittiere und Fahrzeuge, die der eigenen Fortbewegung dienen, sind ebenso wenig zu besteuern wie Bücher oder Pretiosen, die von den Frauen als Schmuck angelegt werden. Die Zahlungsweise ist dem Begüterten überlassen: Neue Kleidung für einen Heranwachsenden? Einen Studienplatz für einen unbemittelten Begabten? Die Heizung für eine Familie mit krankem Haushaltsvorstand? Zucker oder Mehl für eine kinderreiche Familie? Eine Geldsumme für das Siechenhaus? Der Geber kennt die Adressen derer, die es am nötigsten brauchen. Er leistet seine Zahlung möglichst in der ersten Woche des Fastenmonats Ramadan.
Die Sozialsteuer wird in der Hingabe an Gott, in der Erfüllung seiner Forderungen abgeführt. Sie wendet sich allein an den Mitgläubigen. Sie ist ein irdischer Dienst, eine Auflage, die in dieser Welt keine Gegenleistung erwarten darf. Die Belohnung ist von Gott für das Jenseits versprochen:

Sure 64,17 – Wenn ihr Allah ein stattliches Darlehen gewährt, so wird Er es euch um ein Vielfaches vermehren und wird euch vergeben.

Sure 3,92 – Und was immer ihr spendet, wahrlich, Allah weiß es wohl.

Im Hochgefühl des Fastenmonats Ramadan, wenn man seinen Glauben, seine Islamangehörigkeit bewusst empfindet, wenn man in dem Bestreben, Gottes Wohlgefallen zu erringen, allen religiösen Verpflichtungen verstärkt nachzukommen trachtet, wenden sich die Gedanken auch mehr jenen Menschen zu, die – verschuldet oder unverschuldet – auf der Schattenseite des Daseins stehen. Die eigene Hand öffnet sich leichter für Geschenke und wohltätige Gaben.
Um dem Darbenden ein sättigendes Mahl zum *Zuckerfest* zu ermöglichen, verteilt man die *Ramadan-Gabe* (Zadaka). Diese Spende steht nicht im Range einer unbedingten religiösen Vorschrift, wird jedoch in die Praktiken der Nächstenliebe einbezogen.
Der Wert muss dem von 1670 Gramm Weizen oder 3340 Gramm Gerste entsprechen. Das Zadaka kann in Geld oder in Naturalien überreicht werden. Entschließt man sich für Lebensmittel, so sollten es deren vier sein, etwa Gerste, Weizen, Rosinen und Datteln; der Geber kann sich auch für eine andere Zusammensetzung entschließen.
Wohlhabende Eltern spenden nicht nur im Namen *eines* Gebers, sondern sie verteilen die milde Gabe auch anstelle ihrer minderjährigen Kinder. Empfänger können wiederum all jene sein, die mit der Armen-

steuer bedacht werden. Dass sie dem Islam zugehören, wird als selbstverständlich erachtet.

Oft sucht man als Empfänger Menschen aus, die sich der Strenge des Fastens unterziehen. Sie gelten als fromm und damit als besonders würdig; insgeheim hofft man für sich, sie möchten den Geber in ihre Gebete einschließen. Auf den Dörfern fließt die Ramadangabe gerne dem *Hodscha* (= der,der lehrt; der Gelehrte) zu. Nicht nur, dass man um sein Unterbezahltsein Bescheid weiß und ihm deshalb eine Zubuße zum Familienetat verschaffen will, die Gläubigen sind sich der Tatsache bewusst, dass sie seiner bei einem Todesfall als Leichenbestatter und Priester, bei Krankheiten oder besonderen Messen als Koranleser bedürfen. Es empfiehlt sich, die eigene Familie über eine kleine Spende in sein Gedächtnis zu ritzen.

Die Abgabe von Zakat und Zadaka soll einen Ausgleich zwischen arm und reich schaffen, sie soll die Augen für die Not des Nächsten öffnen, soll Hilfsbereitschaft und die Zuwendung zum Mitmenschen fördern, soll Opferbereitschaft entwickeln und soll verhindern, dass Menschen über dem Horten von Reichtümern im materiellen Denken steckenbleiben. An die Stelle von Geiz sollte über konsequente Gewöhnung eine vernünftige Großzügigkeit treten, eine Generosität, die es ermöglicht, unschuldig in Not Geratene am eigenen Überfluss teilnehmen zu lassen.

So wird Freigebigkeit auch jenseits der religiösen Verpflichtungen praktiziert. Jene Gesellschaften, die Wohltätigkeit auf ihr Panier geschrieben haben, spielen vor allem im Leben gutsituierter Ehefrauen eine besondere Rolle. Es ist Ehrensache, als Mitglied für einen Verband zu sammeln oder Handarbeiten anzufertigen, die dann anlässlich einer Verkaufsausstellung – zu deren Zweck ein Saal in einem großen Hotel gemietet wird – angeboten und verkauft werden. Der Erlös fließt dem Verein zu. Rührig im Dienste der Caritas sind auch die Elternbeiräte der Schulen. Wohl werden in den Städten die Kosten staatlicher Einrichtungen fiskalisch gedeckt und in den Dörfern aus gemeinsamem Besitz – etwa dem Ertrag eines Feldes – bestritten. Jedoch übersteigen in kinderreichen Nationen die Spesen unterrichtlicher Institutionen leicht die Möglichkeiten des Staatssäckels. Deshalb fühlen sich die Eltern von Schulpflichtigen angesprochen, das Budget etwas aufzustocken. Sie tragen Bücher für Bibliotheken zusammen; sie sammeln für moderne Geräte und sie stiften eine neue Tafel oder einen Sandkasten, auch fehlende Schulmöbel, wenn die Schülerzahl überhand nimmt.

Weder an Feste noch an die Zugehörigkeit zu einer Vereinigung gebunden sind die *Almosen*, die zu verteilen sich alle Gläubigen aufgerufen fühlen. Dem still dahockenden Alten an der Ecke, der abgerissenen Frau neben der Steintreppe, dem Blinden, der mit dem lamentierenden Ruf: „Gott möge es anerkennen!", seine mageren Arme ausstreckt, stecken Vorübergehende einen kleinen Geldbetrag zu.
Ist eine schwere Krankheit überwunden, hat der Sohn sein Examen bestanden, nahm ein Kind bei einem Unfall keinen Schaden, so öffnet sich aus Dankbarkeit die Hand für eine Gabe. Ein leidender Nachbar, eine bedürftige Einsame sollen sich am glücklichen Ausgang der kritischen Situation mitfreuen.
Unter Umständen sucht man auch das Schicksal über ein Almosen zum Günstigen hin zu beeinflussen. Gerät eine Familie in eine missliche Lage, wird ein Mitglied besorgniserregend krank, so schicken sich die Angehörigen eiligst an, Bettlern oder verschämten Armen einen Obolus zu überlassen. Mit der eigenen Generosität demonstriert man die Bereitwilligkeit, Gottes Gebot zu achten. Möge Gott sich gewogen zeigen ... Von dieser Einstellung her ist zu verstehen, dass sich Bettler gerne in der Nähe von Friedhöfen, Krankenhäusern oder gut gehenden Arztpraxen postieren. Anstatt die von herbem Los bedrückten Menschen in ihrem Kummer unbehelligt zu lassen, wenden sich Bittsteller gerade an sie in der Überzeugung, einer offenen Hand sicher zu sein.
Auch furchterregende Träume animieren zu einer Spende. Deprimierte hoffen, damit die Verwirklichung der Schreckensvision abzuwenden und die peinigende Erinnerung an den Alp zu löschen. Verteilt eine sparsame Hausfrau ohne ersichtlichen Anlass plötzlich kleine Gaben in ihrer Umgebung, so kann es geschehen, dass sich die Nachbarin mit bedeutsamem Augenzwinkern erkundigt: „Du hast wohl schlecht geträumt?" *Almosen* sind keine aufwändigen Geschenke; neben geringen Geldsummen sind es – vor allem von Frauen überreicht – kleine Dinge des Alltags, die beim Empfänger einen Mangel ausgleichen sollen: Lebensmittel, getragene Kleider, Gegenstände aus dem Haushalt. Erzeugt ein Almosen beim Empfänger Freude, so hat es seinen Zweck erfüllt. Der materielle Wert tritt oft hinter dem emotionellen zurück.
Seien noch jene guten Werke erwähnt, die in Not geratenen Menschen aus einer gemeinsamen Aktion heraus Hilfe leisten; sie gehen Dörfer, Straßenzüge und ganze Stadtteile an. Eifrige Initiatoren sammeln beachtliche Summen für unerwartet allein gebliebene Witwen mit großer Kinderschar. Sie suchen Sponsoren für zuverlässige junge Menschen,

die – aus irgendwelchen Gründen plötzlich mittellos geblieben –, nach dem Abschluss ihrer Berufsausbildung streben. Sie bitten von Haus zu Haus um einen Beitrag für Erkrankte, vor allem noch junge Leute, denen ein Klinikaufenthalt im Ausland Besserung oder Heilung ihrer Leiden verspricht. Niemand schließt sich aus; und kann der in Untermiete wohnende Student aus seinem leeren Beutel wirklich kein Scherflein beisteuern, so erklärt er sich doch beriet, seinen sprachkundigen Professor um einen Begleitbrief für den Patienten zu bitten. Der also Angegangene wiederum käme bei aller Überbeschäftigung nicht auf den Gedanken, das Ansinnen zurückzuweisen. Hier rollen Bürgerinitiativen vor religiösem Hintergrund ab. Der fordernde Schrei nach dem Staat, der sich da kümmern solle, ist noch kaum entwickelt. Koranisch empfohlene Freigebigkeit fordert jene Entschlusskraft heraus, die sich selbstlos in den Dienst des Nächsten stellt – Sozialsystem auf Gottes Wegen.

Der Islam lehnt Methoden unmäßigen Gelderwerbs ab; Wucherzinsen sind verboten, Geldverleihen gilt als dubioses Geschäft. Wem Gott aber die geistigen und charakterlichen Vorzüge schenkt, die zu einem soliden Besitz führen, der hat – in Dankbarkeit für diese Auszeichnung – seine sozialen Verpflichtungen anzuerkennen und in die Tat umzusetzen.

8.5 Die Pilgerfahrt nach Mekka und Medina – Haddsch

Sure 22,27 – Und verkündige den Menschen die Pilgerfahrt.

Die fünfte Säule der islamischen Pflichtenlehre fordert die Wallfahrt zum Ausgangsort des Islam, zur Heiligen Stadt Mekka, die das Haus des Herrn, die *Kaaba*, beherbergt und nach Medina, dem letzten Wohnsitz des Propheten. Wenigstens einmal in ihrem Leben sollten sich die Gläubigen den Strapazen dieser Reise unterziehen. Aufgerufen sind Männer und Frauen gleicherweise, nur sollten die Frauen die Reise in Begleitung des Ehegatten oder eines Mannes aus der Verwandtschaft antreten.

Sind rituelles Gebet, Fasten und Armensteuer (für die Bessergestellten) absolut zu erfüllende Pflichten, so unterliegt das Gebot der Pilgerfahrt einer gewissen Einschränkung: Sie ist nur dann zu leisten, wenn die physischen und materiellen Voraussetzungen für eine weite Fahrt gegeben sind und der Reiseweg frei von völkischen Querelen

ist, so dass die unbeschadete Rückkehr der Pilger erwartet werden kann.
Man sollte nicht denken, dass bei einem solchen Vorhaben das Abenteuer im Vordergrund steht. Der Besuch der Kaaba ist keine Höflichkeitsvisite. Inhalt und Ziel sind allein Gott, die Reisenden müssen sich in der festen Absicht auf den Weg machen, alles zu tun, um das Wohlgefallen des *Einzigen* und *Höchsten* zu erringen. Dazu gehört vor allem, dass sie sich allen Ritualen hingeben, sich den Vorschriften unterwerfen.
Die Kaaba wird zu bestimmten Zeiten aufgesucht. Siebzig Tage nach dem Fasten, am zehnten Tag des zwölften Monats im islamischen Mondjahr, beginnt das Opferfest. Dies ist der günstigste Zeitpunkt für eine Pilgerfahrt.
Der Gedanke an eine Wallfahrt nimmt kaum über Nacht Gestalt an. Der Same, der diese Idee reifen lässt, wird dann gelegt, wenn junge Muslime bei ihrer religiösen Unterweisung die verpflichtenden Auflagen ihrer Glaubenszugehörigkeit lernen oder wenn sie älteren Wallfahrern lauschen, die erstaunliche Dinge von ihren Unternehmen berichten. Heranwachsenden bleibt diese Reise meist verwehrt. Ihre Ausbildung, die Existenzfindung oder die Eingliederung in den Clan mit der Übernahme bestimmter Pflichten, die Gründung einer Familie und die Sorge um die Kinder stehen zunächst im Vordergrund. Wird jedoch der Alltag langsam zur Gewohnheit, laufen die Verpflichtungen in Routine ab, dann denkt man ernsthaft an einen Aufbruch zur Wallfahrt.
Ist der Entschluss gefasst, so formuliert man die Absicht den Angehörigen gegenüber. Arbeitnehmer teilen das Vorhaben darüber hinaus dem Arbeitgeber mit. Mit der Präsentation erheischt man Billigung und Erlaubnis für die gute Tat.
Anschließend beginnt die Geschäftigkeit rings um die Reisevorbereitungen. Man erkundigt sich in der Moschee, ob eine Wallfahrt geplant sei und fragt bei einer Agentur nach Reisemöglichkeiten. Häufig werden derlei Exkursionen von Staats wegen durch die Oberste Religionsbehörde initiiert. An bestimmten Tagen heben Chartermaschinen ab oder lichten Passagierschiffe ihre Anker. Ist der Reiseweg im Nahen Osten frei von kriegerischen Auseinandersetzungen, so lassen sich Pilgergruppen auch von modernen Reisebussen nach dem Süden befördern.
Sobald der Platz gesichert scheint, folgt der Gang zum Amtsarzt, der testiert, dass die Anfragenden frei von ansteckenden Krankheiten sind

und dass der allgemeine Gesundheitszustand die weite Reise und die klimatischen Belastungen hinnehmen dürfte.
Kleidung im Stil der Araber werden als Reverenz an das gastgebende Land erstanden, vor allem müssen Frauen auf figurverhüllende Überwürfe achten. Dazu bereitet man das Pilgergewand vor, zwei weiße, nahtlose Tücher. Bei Banken oder Freunden offen stehende Schuldkonten sind zu begleichen. Für Familienangehörige, die in Abhängigkeit zu den Wallfahrern stehen, sind für die Dauer der Abwesenheit ausreichende Mittel bereitzustellen. Gehören dem Haushalt unselbstständige Kinder oder Pflegebedürftige an, so ist zu klären, wer sie in Obhut nimmt. Unstimmigkeiten im persönlichen Umfeld müssen bis zum Antritt der Reise bereinigt sein; Hass und Feinschaft finden unter Pilgern keinen Raum.
Inzwischen hat sich die Neuigkeit bei Nachbarn, Freunden und Verwandten herumgesprochen; Einladungen zu Abschiedsessen erfolgen. Als kleine Aufmerksamkeit für die weite Fahrt überreicht man den Scheidenden trockene Bäckereien oder Süßigkeiten von jenen Sorten, die hohen Wärmegraden widerstehen. Entscheiden sich die Spender für erfrischende Eau de Cologne, so wählen sie Rosenwasser, weil es den Körpergeruch des Propheten Mohammed überliefert haben soll.
Vor dem Aufbruch suchen die Wallfahrer mit jenen, die ihnen nahe stehen, die Moschee auf. Da von jeher wichtige Vorhaben nach dem wöchentlichen Predigtgottesdienst begonnen werden, setzt man den Reisebeginn möglichst für den Freitag, mittags nach dem Gebet, fest. Die Pilger geloben nach einem letzten Sündenbekenntnis aus tiefstem Herzen, sich nicht nur für die Dauer der Fahrt, sondern für alle Zukunft um Friedfertigkeit zu bemühen. Bereitwillige Hände ergreifen Koffer und Bündel und geleiten die Abfahrenden zu jenem Bus, der sie zum Treffpunkt der Pilgergruppe bringt. Wasser wird ihnen nachgegossen: *Geht fort und kommt zurück glatt und fließend wie Wasser.*
In den darauf folgenden Tagen und Wochen wendet sich mancher Gedanke an die Abwesenden. Besorgtheit und Neugierde – wie mag es ihnen ergehen?

Sure 2,197 – Die Monate für die Pilgerfahrt sind wohlbekannt; wer also beschließt, die Pilgerfahrt in diesen Monaten zu vollziehen, soll bedenken, dass keine hässliche Rede, keine Übertretung noch irgend ein Streit während des Pilgerns sich ereignen darf.

Die Riten sind vielfältig und sollten am Wallfahrtsort selbst kennen gelernt werden. Kundige Führer begleiten die Pilger in Gruppen zu den

einzelnen Stätten und geben Anordnungen für die verschiedenen Aktionen. Zunächst müssen sich die Gläubigen in den „Weihezustand" *(Ihram)* versetzen. Sie führen die Waschungen durch, reinigen ihre Nägel, die Männer kämmen sich Bart und Haare. Die Reisekleider werden beiseite gelegt, man hüllt sich in das Pilgergewand – zwei nahtlose, weiße Tücher, deren eines um den Körper, deren anderes von den Männern um eine Schulter geschlungen wird. Die Frauen bedecken damit Kopf und Oberkörper. Bis zur Aufhebung des Ihram dürfen sich die Wallfahrer weder Nägel noch Haare schneiden, die Männer nicht kämmen noch rasieren. Parfümgebrauch ist ihnen untersagt, geschlechtlicher Akte müssen sie sich enthalten. Außerdem haben sie sorgfältig darauf zu achten, dass ihr weißes Gewand nicht verunreinigt wird.
Nach Anhören der Predigt ziehen die Gläubigen in das Pilgerlager am Berge Arafat, wo Gebete zu verrichten sind. Sie pilgern weiter zur Stadt Mina; dort werfen sie an festgelegter Stelle sieben Steinchen auf einen Haufen, womit sie – symbolisch – die Steinigung des Teufels andeuten. Im Gedenken an das Opfer Abrahams findet dann ein Schlachtopfer statt. Schafe, Ziegen, Rinder oder Kamele können dazu ausgesucht werden. Einen kleinen Teil des Fleisches dürfen die Gläubigen selbst verzehren, den Rest verteilen sie an die Armen. Dem Opfer folgen eine rituelle Rasur oder ein Haarschnitt; man schlüpft aus dem Tüchergewand, beendet den Weihezustand und zieht nach Mekka, um im Zustand ritueller Reinheit den siebenmaligen Umlauf um die Kaaba zu absolvieren. Dabei ist auch der Schwarze Stein zu küssen, der in der östlichen Ecke des würfelförmigen, mit schwarzen Teppichen bedeckten Gebäudes eingemauert ist.

Sure 22,27 bis 29 – Und verkündige den Menschen die Pilgerfahrt. Sie werden zu dir kommen zu Fuß und auf jedem hageren Kamel, abgemagert infolge der Wanderung, durch alle tiefen und fernen Talwege, auf dass sie zugegen seien, um ihre Vorteile daraus zu ziehen und den Namen Allahs auszusprechen während der bestimmten Tage über jene Tiere unter dem Vieh, das Er ihnen zur Versorgung gegeben hat. Dann esset davon und speiset die Bedürftigen, die Mangel leiden. Dann sollen sie ihrer persönlichen Reinigung obliegen und ihre Riten ausführen und um das altehrwürdige Haus wandeln.

Soweit nicht schon vor der Wanderung zum Arafat erledigt, können die Gläubigen noch den Lauf zwischen den Hügeln Schafa und Marwa praktizieren, insgesamt siebenmal; dreimal gehen sie rasch von Schafa

nach Marwa hin und zurück, mit dem einmaligen Gang nach Marwa endet die Verpflichtung.
Nach Vollzug aller Übungen wenden sich die Menschen meist noch einmal gen Mina, um dort in der Gemeinschaft von Gleichgesinnten einige Tage in froher Feststimmung zu verleben.
Zusätzliche Empfehlungen sind weitere Umrundungen des Heiligtums, der Genuss des Wassers vom heiligen Brunnen Zemzem und der Besuch des Prophetengrabes in Medina.
Den Ausspruch „Dir zu Diensten, mein Herr" sollten die Gläubigen während der Zeremonien möglichst immer auf den Lippen tragen.
Der Besuch der heiligen Orte bedeutet für die meisten Muslime nicht nur die einzige Reise großen Stils in ihrem Dasein, sondern darüber hinaus vor allem das beeindruckendste religiöse Erlebnis auf dem Erdenweg.
Beim aufrichtigen Gebet mit Sündenbekenntnis und Bußgelöbnis in demütiger Vergebenserwartung am Berge Arafat fühlt sich der Gläubige seinem *Einen Gott* nahe verbunden. Die Atmosphäre der absoluten Ergebung, des guten Willens, der Friedfertigkeit und wohltätigen Großzügigkeit lässt bei den Gebetsübungen, auf den Pilgerwegen, bei der Verwerfung des Bösen über die Steinigung und bei der rituellen Schlachtung unter den Scharen von Glaubensbrüdern und -schwestern ein erhebendes Gefühl bewussten Religionserlebens aufkeimen, lässt die Anhänger Allahs ihre Zusammengehörigkeit nahezu ekstatisch verspüren. Die Gleichheit untereinander ist perfekt; das Pilgergewand verdeckt Reichtum und Stellung, Rasse und Nation. Gott ist das alleinige Wesen im Mittelpunkt, ihm allein will man durch uniforme Untertänigkeitsbeweise gefallen. Der Aufenthalt am Wallfahrtsort ist eine tiefe Zäsur im Leben, bedeutet er doch für eine Zeitspanne die Aufgabe der profanen Gewohnheiten zugunsten der loyalen Hingabe an Gott. Dass diese Eindrücke dem Menschen für den Rest des Lebens unauslöschlich im Gedächtnis eingraviert bleiben und einen nachhaltigen Einfluss auf sein ferneres Denken und Handeln ausüben, ist evident.
Eine gewisse Exorbitanz beinhaltete allerdings die Behauptung, Wallfahrer würden ausschließlich ihrem Gottesdienst nachkommen und dem übrigen Geschehen in Mekka und seiner Umgebung blind und taub gegenüberstehen. Topographische, klimatische, ethnische Vielfalt auf dem Reiseweg und dem Zielort prägen sich – bewusst oder unbewusst – ein. Die Wallfahrt wird zur Exkursion, der pragmatische Wert

ist unbestreitbar. Und geistige wie seelische Horizonterweiterung, vor allem im Hinblick auf das Kennenlernen fremder Menschen und ihrer sozialen wie traditionellen Situation, können zweifelsohne die Friedfertigkeit solidieren.
Die Rückkehr wird hoch gefeiert. Kaum wieder im eigenen Haus angelangt, stellen sich Verwandte und Bekannte ein, um den Heimkehrern ein herzliches Willkommen zu entbieten. Die Begrüßung eines Wallfahrers gilt vor Gott als gute Tat. Hände werden geschüttelt, von den Jüngeren geküsst.
Die Pilger dürfen fortan vor ihrem Namen den Ehrentitel *Hadschi* (als Mann) und *Hadschije* (als Frau) führen. Auch in anderer Weise erheben sie sich für die Angehörigen und Freunde über den Durchschnitt: ihre Füße haben heiligen Boden betreten, ihre Hände heilige Dinge berührt, vielleicht sogar den Heiligen Schwarzen Stein in der Kaaba geküsst. Ihre Augen durften die Aufenthaltsorte des Propheten schauen. Ein Teil ihrer Sünden wurde ihnen sicher vergeben. Es ist ihnen gelungen, das Gebot des fünften Grundpfeilers ihres Muslimentums zu verwirklichen.
Die Weitgereisten öffnen ihre Taschen und greifen nach Mitgebrachtem. Unter den nächsten Angehörigen verteilen sie Gebetsketten, Gebetsmützen für Männer oder kleine touristische Erinnerungsstücke. Alle Herbeigeeilten dürfen auf einen Schluck des Wassers vom Heiligen Brunnen *Zemzem* hoffen, das man in einer Flasche oder einer Konservendose in die Heimat befördert hat. Ist der Freundeskreis groß, so gießt man von dem kostbaren Nass nur eine geringe Menge in einen mit Trinkwasser gefüllten Kessel oder Krug und bietet daraus einem jeden Gast ein Glas an. Dazu mögen die Anwesenden sich von den Datteln aus dem Heiligen Land bedienen, die ebenfalls im Reisegepäck mitgekommen sind.
Aus Dankbarkeit für die Fülle von unauslöschlichen Eindrücken und die glückliche Rückkehr lassen viele Pilger ein Opfertier schlachten, um mit einem Drittel des Fleisches die Armen, einem Drittel ihre Gäste und dem verbleibenden Teil die engere Familie zu erfreuen. Darüber hinaus spenden sie für ein gutes Werk, das der Allgemeinheit zugute kommen soll.
Fortan erwartet man von ihnen eine Lebensweise, die sich streng an den Geboten und Verboten der Religion orientiert. Mit der Fahrt zum irdischen Zentrum ihrer Religion sind sie in die Gruppe der absolut Vertrauenswürdigen aufgestiegen. Selbst leichte Verstöße gegen den

islamischen Verhaltenskodex würden gebrandmarkt; moralische Verfehlungen sind bei einem *Hadschi* nicht zu entschuldigen.
Dass zum Kummer konservativer Denkweise die fortschreitende Zivilisation eine Lockerung manch überlieferter Sitten mit sich bringt, wirkt sich bis zu den Wallfahrten hin aus. Den Gruppen von jugendlichen Pilgern, die sich für die weite Fahrt zusammenschließen, mag man im Zeitalter schneller werdender Transportmittel Absolution erteilen, auch dann, wenn das Unternehmen mehr von Erlebnishunger als von religiösen Motiven angeregt scheint, auch dann, wenn die unbedingten Voraussetzungen nicht immer verwirklicht werden können. Machen sich jedoch Schuldner oder Unversöhnliche auf den weiten Weg, nehmen straffällig Gewordene nach Verbüßung ihre Gefängnisstrafe an der Wallfahrt teil, schließen sich gar Frauen an, die sich wegen ihres augenscheinlich sittenlockeren Lebenswandels ins Gerede gebracht haben, so runzeln sich missbilligend die Stirnen.
Die Bemühung um die Erfüllung einer fundamentalen Pflicht wird auch dann mit gefurchter Stirn betrachtet, wenn die Pilgerreise nach tiefer Reue eine Sündenvergebung von Gott und damit die Wiedererlangung der Reputation vor den Menschen zum Ziele hat.
Um eine Wallfahrt absolvieren zu können, bedarf es ausreichender finanzieller Mittel. Für die meisten Gläubigen muss deshalb der Traum von der Pilgerreise unerfüllt bleiben. Daneben sagt jedoch die Überlieferung: „Die Wallfahrt liegt vor der Tür des Hauses", was bekundet, dass man für ein gutes Werk im Dienste der Religion nicht unbedingt in die Ferne schweifen muss. Deshalb suchen Wohlhabende mitunter eine Ablösung von dem strapaziösen Unternehmen in einer umfangreichen Spende zugunsten ihrer Mitmenschen. Verfügen sie über großes Vermögen, so lassen sie eine Einrichtung für den Dienst an Gott bauen, etwa eine *Mesdschid* (kleine Moschee), eine Brunnenanlage für die rituelle Reinigung oder eine Schule, in deren Räumen dereinst auch Religionsunterricht erteilt wird. Weniger Begüterte leisten eine Anzahlung für ein derartiges Bauvorhaben und bringen die Errichtung in Gang. Die Fertigstellung geschieht über weitere Spenden oder auf Staatskosten mit Steueraufkommen. Allah möge es anerkennen! Segen wird für jede Bemühung erwartet, die einem ehrlichen Herzen entspringt.

8.6 Erleichterungen beim Dienst an Gott

Das Bekenntnis *„Ich bin Muslim/Muslima"* beinhaltet für das persönliche Verhalten Subordination, Disziplin und Konsequenz. Die koranischen Aussagen im Hinblick auf den Dienst an Gott, die Hinweise für die Art und Ausführung der Pflichten sind für die Gläubigen klar und ausführlich formuliert. Wer allen Forderungen bereitwillig und aus Überzeugung nachkommt, sollte – nach den bestehenden Thesen – im Diesseits Harmonie und Zufriedenheit, im Jenseits das ewige Glück erlangen können.

Jedoch wirft die Erfüllung der verschiedenen Grundformen mitunter Schwierigkeiten auf, etwa dann, wenn berufliche Aufgaben oder dringende persönliche Verrichtungen zugunsten der täglichen Gebetsforderungen nicht unterbrochen werden können, oder wenn das Fasten bei anfälliger Gesundheit, bei physischer oder psychischer Überbelastung unter Umständen Schädigungen erwarten lassen müsste. Geraten die Gläubigen dadurch in Zwiespalt?

Im Islam wird der Vernunft ein hoher Stellenwert eingeräumt. Der Koran betont immer wieder, dass keine vernunftwidrigen Regeln aufgestellt seien. Entsprechend werden keine Erwartungen erhoben, die die menschliche Leistungskraft übersteigen würden.

9. Die Festtage

Ein religiös gebotener, wöchentlicher Feiertag, gleich dem christlichen Sonntag oder dem jüdischen Sabbat, fehlt im Islam.
Wohl kommen die Männer der Verpflichtung, die Moschee aufzusuchen, „wenn der Ruf zum Gebet am Freitag erschallt" (Sure 62,9), gewissenhaft nach. In Anlehnung an die Gepflogenheiten anderer Religionen bürgerte sich auch die Gewohnheit ein, den Freitag weniger arbeitsintensiv zu gestalten. Vom Glauben her kann jedoch vor und nach der Freitagspredigt gearbeitet werden. Nach islamischer Auffassung muss ein Gläubiger nur die obligatorischen Rituale pünktlich erfüllen, so bleiben ihm ausreichend Erholungsphasen – etwa beim Gebet oder bei genauer Einhaltung der Gebetszeiten über genügend Nachtruhe –, um ohne eintägige Schaffenszäsur seinem Tagwerk nachgehen zu können. Anders verhält es sich bei den großen, religiösen Festen; sie genießen die ihnen gebührende Beachtung:

9.1 Das Fest des Fastenbrechens – Id al-Fitr

Ein Monat der Enthaltsamkeit über alle von der Sonne erhellten Stunden eines Tages hinweg lässt die Vorfreude auf einige Feiertage gedeihen. So wird der dreitägige, festliche Abschluss des Ramadan, das *Fest des Fastenbrechens* (in der Türkei *Zuckerfest* genannt) allenthalben herbeigesehnt.
Die Vorbereitungen liegen vornehmlich in den Händen der Frauen. Eingedenk des Prophetenwortes, dass die Religion des Islam auf der Reinheit begründet wurde, lüften und fegen sie das Haus, waschen und bügeln, nähen und flicken. Die Sitte will es, dass man die festlichen Stunden in frischer Gewandung begeht. Erlaubt das Familienbudget nicht für alle Angehörigen den Kauf neuer Kleider, so soll man sich doch wenigstens in sauberen Sachen wohl fühlen.
An den Einkäufen – sowohl von Kleidungsstücken als auch von Nahrungsmitteln – ist der männliche Familienvorstand maßgeblich beteiligt. Er hat nicht nur das Mitspracherecht bei der Auswahl, sondern vor allem die Pflicht, nach abgeschlossenem Handel die Börse zu zücken. Zum Abtransport des Kaufgutes sind allerdings wiederum die Frauen aufgerufen.

Sowohl als Festgeschenke wie auch als Bewirtungsgaben dienen Zuckerwaren. Emsige Hausfrauen bereiten auf ausladenden, runden Backblechen Süßspeisen oder Backwaren zu. Sie schichten hauchdünnen Blätterteig übereinander und flechten lockeren Hefeteig; sie verbessern mit Honig, Nüssen und Zuckersirup; sie mühen sich ab nach den Forderungen alter Rezepte, und das Ergebnis ist in jedem Fall schwer, sehr süß und köstlich.
In ländlichen Gegenden balanciert man sein Blech auf erhobenem Haupt zum öffentlichen Backhaus, wo die Nachrichtenbörse floriert wie kaum zu anderer Zeit; denn der Andrang ist erheblich, und die Neuigkeiten springen von Mund zu Mund. Besonderen Aufwand bei der Zubereitung treiben die Mütter verlobter Söhne. Die Sitte will es, dass ein Gefäß mit Süßigkeiten nebst einem Geschenk für die Braut in das Haus der künftigen Schwiegertochter gesandt wird. Wer wollte sich da dem Ruf aussetzen, der zu erwartenden jungen Frau drohe Mangel in ihrem späteren Heim? Und wer wollte sich mit negativer Wertung ins Gerede bringen? Qualität und Quantität der Gabe werden genau begutachtet.
Vor den Süßwarengeschäften großer wie kleiner Städte bilden sich Schlangen von Kunden, die für Verwandte, Freunde und Bekannte Zuckermandeln, Bonbons und glasierte Früchte in vielen Variationen erstehen, um sie in sorgsam verschnürten Kartons nach Hause zu tragen.
Am Vortag des Festes, wenn der Boden gewischt, die Kelims geklopft und die Kissen aufgeschüttelt sind, ruft die Frau des Hauses Alt und Jung zur großen Badezeremonie. Das Wasser, das an diesem Tag in Zuber und Becken fließt, gilt als heilig, man schreibt ihm sogar heilende Wirkung zu. Das Bad vor dem Feiertag wird als gute Tat gewertet, die ins Lebensbuch eingeht, damit sie im Jenseits ihren Lohn erhalte.
Großeltern, Onkel und Tanten legen neue Taschentücher und Geld bereit, um am folgenden Vormittag die gratulierenden Kinder damit zu beschenken.
Der letzte *Iftar* (Abendessen während der Fastenzeit) wird besonders herbeigesehnt. Ein alter Ausspruch besagt, dass drei Tage vor Ablauf des Ramadan „der Geduldsstein zerspringt", was bedeutet, dass Selbstbeherrschung und Gelassenheit zu wanken beginnen. Die Nervosität ist kaum mehr zu zügeln; Gereiztheit verursacht zusammen mit Festesvorfreude in individueller Gradation jenes Hochgefühl, das die Saite der Erwartung zum Reißen anspannt.

Am Morgen des Festes erheben sich die Gläubigen vor Tagesanbruch von ihrem Lager. In Feiertagskleidung eilen die Männer zum Gotteshaus, um in Gemeinsamkeit den Festgottesdienst zu feiern. Nur selten mischen sich Frauen unter den Strom der Moscheebesucher. Sie verrichten ihren *Namaz* (rituelles Gebet) zu Hause, helfen den Kindern beim Ankleiden und stürzen sich dann in die Vorbereitungen für das Frühstück. Nach dem Festtagsgebet beginnt die große Gratulationscour. Im Vorhof der Moschee küssen die jüngeren Männer den älteren die Hand und wünschen ein frohes Fest. In kleinen Orten mit überschaubarer Bevölkerung stellen sie sich mitunter ihren Lebensjahren entsprechend in eine Reihe; so wird niemand vergessen, und die alte, hierarchische Ehrerbietung bekommt ihr Recht.
Bevor sich die Menge zerstreut, laden Familienväter gerne Jüngere zu sich ein, vor allem dann, wenn sie bedürftig sind. Kaum haben die Männer ihr Heim betreten, so beginnt hier der Brauch des Glückwünschens. Ungeachtet des Geschlechts küsst man in der Rangordnung des Alters die Hand, auch junge Frauen den älteren Männern und junge Männer den älteren Frauen. Dazu spricht man die Gratulationsformel: „Möge Ihr Feiertag gesegnet sein!"
Das Frühstück – nach Monatsfrist wieder am hellen Tag eingenommen – wird nicht ungebührlich lange ausgedehnt. Der Verwandten- und Freundeskreis wartet auf die Gratulanten. Frauen und Kinder beladen sich mit den bereitgestellten Süßigkeiten, und in Gruppen schwärmen die Familien aus. Am ersten Tag empfangen nach Alter oder Dienstrang Höherstehende allen Respekt. Außerhalb der Familienstruktur schauen Arbeitnehmer bei ihren Dienstherren, Untergebene bei ihren Vorgesetzten, Schüler bei ihren Lehrern vorbei. Der zweite und der dritte Feiertag sind den Gegenbesuchen vorbehalten. Wenn die Wohndistanzen ohne besondere Schwierigkeiten überbrückbar sind, so vereinigt sich währen der Festzeit die Großfamilie.
In Zank und Hader liegende Kontrahenten sind dazu aufgerufen, ihre Zwistigkeiten vor Ablauf der Feiertage zu beheben. Selbst schwerwiegende Irritationen, die ganze Familien zur Blutrache herausfordern, sollten in ihren Auswirkungen das Fest des Fastenbrechens nicht überdauern. Allah wird jene belohnen, die zu vergeben bereit sind.

9.2 Das Opferfest – Id al-Adha

Zwei Monate und zehn Tage nach dem Fest des Fastenbrechens feiern die Gläubigen das zweite große religiöse Fest, das *Opferfest*. Seine Ursprünge reichen zurück in die vorislamische Zeit. Es wird im Gedenken an *Abraham* begangen, der Gottes Opferbefehl nachzukommen bereit war und seinen Sohn *Ismael* in gläubigem Gehorsam töten wollte.

Wer in Armut oder Schulden steckt, ist von der Auflage des Schlachtopfers dispensiert. Zur Opfergabe aufgerufen sind alle Muslime, die sich den Tribut leisten können. Als Opfertiere kommen Schafe, Rinder oder Kamele in Frage. Am Kauf oder der Bereitstellung von großen Tieren beteiligen sich bis zu sieben Familien. Jedoch werden Schafe bevorzugt. Schon Wochen vor den Feiertagen treiben Händler ihre Herden stadtwärts, wo die Lämmer auf den Märkten angeboten werden. Auswahl und Kauf sind Sache des Familienvorstands. Taxis mit offenen Kofferräumen, aus denen zusammengebundene Lämmerbeine ragen, sind in diesen Tagen keine Seltenheit.

Zur Freude der Kinder wird das Tier im Garten oder Hof des Hauses noch einige Tage gemästet. Man streicht ihm Henna zwischen die Hörner und knüpft bunte Bänder in seine Wolle. An den Vortagen zum Fest beginnt im Haus wieder die großreinigende Emsigkeit. Menschen wie Heimstatt werden mit reichlich Wasser genetzt, die guten Kleider bereitgelegt.

Am Morgen des ersten Feiertags stehen Alt und Jung sehr früh auf und schlüpfen in die Festgewänder. Zur Zeit des heraufdämmernden Tages schreiten alle Männer zur Moschee, um am Festtagsgebet teilzunehmen. Die Frauen richten inzwischen Schüsseln und Kessel, Schneidebretter und Messer; denn kaum sind nach der Rückkehr der Männer die Glückwünsche ausgesprochen, haben die Jüngeren den Älteren die Hand geküsst, versammelt sich die Familie vor dem Haus oder im Garten, um dem Opferritual beizuwohnen. In den Städten gehen zwar beim Morgengrauen Schlächter durch die Straßen und bieten laut rufend ihre Dienste an, im Allgemeinen beherrscht aber ein Familienmitglied diese Fertigkeit.

Vor dem Durchschneiden des Halses flüstert der Mann, der das Messer führt, das *Basmala* („Im Namen Gottes, des Gnädigen, des Barmherzigen") und sagt dem Tier weiter ins Ohr: „Die Brücke zum Jenseits, dünn wie ein Faden und scharf wie ein Schwert, werden wir gemeinsam überschreiten."

Während des Ausblutens – der Islam erlaubt nur die Tötungsweise des Schächtens – halten alle Familienmitglieder die Hand über das Tier, um solchermaßen ihren Anteil an der Zeremonie zu bekräftigen. Die kleineren Kinder tauchen ein Fingerchen ins *Heilige Blut* und drücken sich ein Mal auf die Stirn, das den ganzen Tag über als Schmuck dort belassen bleibt.

Nach dem Häuten wird das Fleisch in drei Teile zerlegt. Das erste Drittel wird durch sieben geteilt und sieben Nachbarn entboten. Das zweite Drittel gebührt den Armen. Je nach Anzahl der Bedürftigen zerkleinert man die Fleischteile und schickt sie Menschen in Bedrängnis ins Haus. Für manche Familie ist es die einzige Möglichkeit, sich einmal im Jahr mit Fleisch zu sättigen.

Das letzte Drittel endlich darf die Familie selbst verzehren. Peinlich achtet man darauf, dass korrekt vorgegangen wird, auch dann, wenn es sich um einen kopfreichen Verband handelt; denn sollten die Opfernden mehr als den erlaubten dritten Teil für sich beanspruchen, so gälte das als Sünde vor Gott.

Die Frauen drehen sich in Wichtigkeit in ihren Küchen, hantieren mit Töpfen und Tiegeln und sondern die einzelnen Fleischbrocken für bestimmte Speisen aus, für Gesottenes, Gebratenes oder Gegrilltes. Die Männer besuchen derweil reihum ältere und höhergestellte Verwandte und Bekannte und wünschen ein gesegnetes Fest. Am Abend laden ältere Menschen die jüngeren zum Festessen ein. Meist wird dabei in angeregter Runde bereits das gesamte Opfer verschmaust. An den darauffolgenden Tagen besuchen die Älteren die Jüngeren. Ihnen wird jedoch kein Fleischgericht mehr angeboten, man labt sie mit den üblichen Süßigkeiten.

Obwohl das Opferfest vier Tage währt, sollte das Tier bis zum dritten Tag aufgegessen sein, in heißen Ländern sicher eine begrüßenswerte Hygienebestimmung.

Während der Feiertage sind die Minarette mit Lichterketten geschmückt, die bei Einbruch der Dunkelheit, wenn der *Muezzin* zum Abendgebet ruft, aufleuchten und allen sichtbar die Freude des Festes künden.

10. Die Verhaltenslehre

10.1 Das Verhalten gegenüber Gott

Säkulares ist im Islam nicht von Religiösem zu trennen. Gott setzte die Regeln für das Verhalten im irdischen Dasein, und ein Leben im Sinne der islamischen Religion bedeutet die Unterordnung unter die Gebote, eine Beachtung der fixierten Normen auf religiösem, moralischem, sozialem, ökonomischem, ja selbst auf politischem Gebiet.
Über die Hinterfragung von Gottes Intentionen und die Befolgung seiner imperativen Hinweise kann der Mensch das Gefühl für Gut und Böse entwickeln; die gefestigte, religiöse Einstellung ruft beim Begehen einer Sünde ein bedrückendes Gefühl der Unsicherheit hervor.
Eine allenthalbe positive Reaktion auf koranische Bestimmungen garantiert dem Einzelnen die *Rechtleitung* auf Erden, bewahrt vor Fehlern und Schwierigkeiten und etwa daraus resultierendem, seelischem Unbehagen. Manche psychische Dissonanz könnte vermieden werden, fänden die Grundsätze der *Religion der Klarheit* angemessene Beachtung. Die Hingabe an Gott ist die Quintessenz von Ethik und Humanität. Wo nun bleibt aber die Garantie für subjektives Urteilen beim vernunftbegabten Menschen? – Seine Fähigkeit der freien Entscheidung dient im religiösen Bezug nicht dem Abwägen über Annahme oder Verweigerung göttlicher Forderungen, sondern der erklärenden Darlegung, einer vereinfachenden Exegese im Dienste an den Mitmenschen. Gottes Wort erübrigt jede Skepsis.

> Sure 2,144 – Und die, denen das Buch gegeben ward, sie wissen, dass dies die Wahrheit von ihrem Herrn ist.

Dem Zweifler mag sich dabei die Vorstellung von fehlender Eigeninitiative, von stumpfem Kadavergehorsam aufdrängen. Die Gläubigen fechten derlei Skrupel nicht an. Sie erkennen dankbar die Hilfestellung Gottes für alle Lebenslagen an. Nach Überwindung persönlicher Widerstände, einer Koordinierung von Wollen und Dürfen im Sinne der Offenbarung gelingt ihnen jene selbstverständliche Pflichterfüllung, die ihnen eine glückliche Ausgeglichenheit im Diesseits und reiche Belohnung im Jenseits verspricht. Von sich aus wäre es dem Menschen nicht gegeben gewesen, den einzig *rechten* Weg, den Weg zu seinem

Wohlbefinden aufzuspüren; es war Gott, der sich in seiner Güte dem Irdischen zuneigte:

> Sure 7,43 – Aller Preis sei Allah, Der uns zu diesem geleitet hat! Wir hätten nicht Leitung zu finden vermocht, hätte Allah uns nicht geleitet.

Zum Ausdruck ihrer Dankbarkeit sollten die Menschen dafür mit aller ihnen zur Verfügung stehenden Intensität Gott lieben und verehren.

10.2 Das Verhalten gegenüber sich selbst

Gottes edelstes Werk, den Menschen, gilt es zunächst zu schützen und zu erhalten. Wer Hand an ihn legt, stellt sich in sündigen Widerspruch zu seinem Schöpfer.
Die irdische Daseinsphase sollte überhaupt auf Bewahrung ausgerichtet sein, denn nach einem Wort des Propheten wird ein jeder am Jüngsten Tag gefragt werden, ob er „seine Gesundheit geschützt hat oder nicht".
An oberster Stelle zur Gesunderhaltung stehen die größtenteils in den unmittelbaren Gottesdienst eingebundenen Reinigungspflichten, die von der Entleerung der Ausscheidungsorgane über die Waschung der verschiedenen Körperteile, das Putzen der Zähne, Schneiden von Haaren und Nägeln bis zur Niederwerfung auf rituell reinem Grund den gefährdenden Bazillen ihren Nährboden entziehen wollen. „Die Religion des Islam wurde auf der Reinheit gegründet", diesen Hadith scheinen sich die Muslime von jeher zu Herzen genommen zu haben, wie die zahlreichen, bis heute genutzten Bäder und Brunnen aus früheren Jahrhunderten beweisen. Die Reinigung der Kleider steht der Körperpflege nicht hintan. Fließendes Wasser ist zur Norm erklärt. Sich selbst übergießen Muslime, in einer umfangreichen Schüssel stehend, nach dem Einseifen aus einem Krug mit sauberem Nass. Ist ein Badezimmer vorhanden, verfährt man in der Wanne ebenso. Zum Abseifen benützt man die Brause. Der Wäsche gönnt man heutigentags zwar ein Bad in der Lösung eines Waschmittels; zumindest beim Spülen aber rückt man den Bottich unter den Wasserhahn und gibt Zu- und Ablauf zur gleichen Zeit frei. In der Waschmaschine garantieren die Spülgänge den Durchlauf des Wassers. Das kostbare Nass bleibt in Bewegung.
Zur Erhaltung des Körpers bedarf es ausreichender Ernährung. Wohl will das Fastengebot durch die Abwendung von leiblichen Genüssen

über einen Monat hinweg während der Tageszeit die Gedanken für die erhebende Hinwendung an Gott freimachen, versagt aber dem Gläubigen keineswegs die Sättigung nach Einbruch der Dunkelheit. Kasteiung in jedweder Hinsicht steht außer Diskussion; der Islam erkennt den Menschen mit seinen naturgegebenen Bedürfnissen an, rät nur zur Mäßigung und verpflichtet zur Einhaltung von Verboten, die aber wiederum dem Leib zugute kommen sollen:

> Sure 7,31 – Esset und trinket, doch überschreitet die Grenzen nicht; denn wahrlich, Er liebt nicht die Unmäßigen.

Eine klare Absage an die Völlerei; der Prophet ergänzt die Surenwahrheit dahingehend, dass er empfiehlt, ein Drittel des Magens mit Speise, ein Drittel mit Trank zu füllen, ein Drittel aber leer zu lassen.
Unzweideutig ist der Hinweis auf den Genuss verbotenen Fleisches:

> Sure 5,3 – Untersagt ist euch das von selbst Verendete sowie Blut und Schweinefleisch; ferner das, worüber ein anderer Name angerufen ward als Allahs; das Erdrosselte; das zu Tode Geschlagene; das zu Tode Gestürzte oder Gestoßene und das, was reißende Tiere angefressen haben, außer dem, was ihr geschlachtet habt; und das, was auf einem Altar (als Götzenopfer) geschlachtet worden ist.

Das Fleisch von verletzten Tieren, die vor dem Verenden noch getötet wurden, kann also verzehrt werden, in keinem Fall aber Aas. Hier wird Hygiene zum religiösen Gebot; denn vor allem in heißen Landstrichen wird ein Kadaver schnellstens von bazillenträchtigen Totengräbern heimgesucht.
Ähnlicher Überlegung entspringt das Verbot von Schweinefleisch. Als unbekümmert suhlende Tiere, außerhalb der gelenkten Zucht trichinös und wurmverseucht, mit indolenten Muttertieren, die den frischgeworfenen Nachwuchs mitunter auffressen, wurden Schweine zum Symbol der Verworfenheit schlechthin. Dass ausgerechnet diese Spezies von uns als Glücksbringer gehätschelt wird und ein Zeichen für gutes Gelingen darstellen soll, bleibt einem Muslim unverständlich.
Die Ehrfurcht vor Gottes Schöpfung schließt auch die Achtung vor der Kreatur ein. Tiere dürfen nur zur notwendigen Ernährung des Menschen getötet werden. Die Schlachtung beginnt mit dem *Basmala,* also unter Anrufung von Gottes Namen. Erlaubt ist ausschließlich die Form der Schächtung. Das Blut darf nicht aufgefangen werden, denn sein Genuss ist untersagt.

Berauschende Getränke werden als nachteilig hingestellt. Wie Gift in kleinen Mengen jedoch zur Medizin werden kann, so ist auch der Alkohol in vertretbarem Quantum als wohliges Stimulans zu werten. Nach Sure 2,219 liegt im Wein „großer Schaden und auch einiger Nutzen für die Menschen; doch der Schaden ist größer als der Nutzen". An anderer Stelle allerdings erfährt der Wein, dem der Koran als einzigem der Alkoholika Erwähnung angedeihen lässt, eine energische Abfuhr. Er gilt als jenes Getränk, über das der Satan Feindschaft und Hass zwischen den Menschen erregen will (Sure 5,91). Strenggläubige Muslime enthalten sich deshalb jeglichen Alkoholgenusses.
Verurteilt wurden auch das Glücksspiel, das Zwietracht unter die Menschen sät, und der Genuss von Drogen, deren aggressiv schädigende Wirkung unerwähnt bleiben kann. Der Handel mit Rauschgift wird in vielen islamischen Ländern mit drakonischen Strafen beantwortet. Sollten trotzdem Muslime im Untergrund an der Verschiebung heißer Waren beteiligt sein, unter den Gläubigen selbst gibt es kaum Süchtige.
Ausreichender Schlaf ist eine Notwendigkeit für den Körper, und die Anordnung, die das letzte rituelle Gebet nach Einbruch der Dunkelheit (vor der Nachtruhe) und das erste am frühen Morgen bestimmt, sorgt zum einen dafür, dass die Menschen regelmäßige Schlafenszeiten einhalten, zum anderen dafür, dass sie weder die Nächte vertrödeln, noch weit in den Tag hinein liegenbleiben.
Die körperliche Ertüchtigung als gesundheitsfördernde Maßnahme wird erwähnt, der Prophet rät zu „Reit- und Pfeilwettkämpfen", um über turnierische Anstrengungen das Geschick zu fördern und die Muskeln zu stählen.
Bedeutung wird der Kleidung beigemessen. Sie kann einfach sein, denn auch Armut ist gottgewollt und keine Schande, niemals aber schmutzig. Nacktheit steht außer Diskussion; selbst Geschwister im Kindesalter sollen sich innerhalb der Familie nur bekleidet sehen. Frauen und Männer hat man an ihrem äußeren Erscheinungsbild unterscheiden zu können; sie sollten also nicht in „geschlechtsfremde" Verhüllung schlüpfen. Das gibt dem Transvestismus genausowenig eine Chance wie der Hosenmode für Frauen. Mit besonderen Bekleidungsvorschriften überhaupt werden die weiblichen Wesen bedacht, die alles vermeiden sollten, was ihre Reize zur Schau stellen könnte. Sie sollen „ihre Schleier über die Busen ziehen" (Sure 24,31) und sich „einen Teil ihres losen Übergewandes tief über ihre Gesichter hängen" (Sure 33,59). Sie sollen „auf diese Art unterschieden und nicht belästigt" werden. Eine

ehrbare Frau schlägt die Augen nieder und zieht unauffällig in Kleidung und Gebaren ihres Weges, als Schutz für sich selbst. Inzwischen tragen viele Frauen, vorzugsweise in den Städten, westliche Kleidung, und in der Türkei beispielsweise ist der Schleier, der Mund und Nase verhüllt, illegitim und nicht mehr die Regel. Jedoch ein langer, dezent einfarbiger Mantel und das haarbedeckende Kopftuch (auch im Sommer angelegt) geben die konservative Einstellung der Weiblichkeit preis.
Die Gewandung sollte ferner den Erfordernissen der Jahreszeit angepasst werden, ist sie doch nicht nur Mittel zur Bekleidung, sondern auch Schutz gegen die Witterung.
Vielfältig sind die Hinweise, die dem Menschen den nötigen Schutz vor Erkrankung oder anderer körperlicher Unbill garantieren wollen. Stellt sich aber doch eines Tages ein Leiden ein, so hat der Erkrankte alles zu tun, um seinem Körper die alte Unversehrtheit wiederzugeben. Nachlässigkeit, die zu chronischer Invalidität führen kann, ist zu vermeiden. Die Hoffnung auf Genesung ist vorhanden; denn der Prophet erklärt: „Gott hat keine Krankheit gegeben, für die er nicht auch die passende Medizin erschaffen hätte."
Muslimische Kinder wachsen ganz selbstverständlich in diese religiöse Sittlichkeit hinein. Ihre Erziehung bewegt sich im Allgemeinen im Nonverbalen, die Erwachsenen leben das vor, was die Heranwachsenden allmählich übernehmen. Einige Normen werden aber doch in Worte gefasst in der Erwartung, dass die Kinder sie fortan befolgen, etwa die folgenden Regeln zum Essen:

- Wasche die Hände vor und nach dem Essen, und spüle deinen Mund aus!
- Beginne dein Mahl mit dem *Basmala* und danke Gott mit dem *Al-hamdulillah* (mein Dank/Lob gilt Gott) für deine Sättigung!
- Blase dein Essen nicht!
- Stopf dir den Mund nicht übermäßig voll, und schlucke erst, wenn du gut gekaut hast!
- Musst du während des Essens husten oder niesen, so wende dein Gesicht von den Speisen ab!
- Sprich oder lache nicht mir vollem Mund!
- Setz dich erst zu Tisch, wenn du hungrig bist, und erhebe dich, bevor du vollständig gesättigt bist!
- Tu während des Essens nichts Ekelerregendes oder Störendes!
- Iss oder trink nichts (rituell) Verbotenes!

- Iss nicht auf der Straße oder im Stehen!
- Reinige dich nach dem Toilettenbesuch mit der linken Hand, denn mit der rechten isst du und begrüßt den Gast!
- Putz dir auch die Nase nur mit der linken Hand!
- Stell das Essen mit der rechten Hand auf den Tisch, biete mit der gleichen Hand an!

Alle Gesetze gehen auf den Menschen in seiner gottgewollten Beschaffenheit ein, die Befriedigung der natürlichen Triebe ist deshalb nicht nur erlaubt, sondern geboten. So pflegen Muslime eine unkomplizierte Einstellung zur Liebe und zur Sexualität, jedoch haben sie „außer mit ihren Frauen die Keuschheit zu wahren". Außereheliche Beziehungen sind verpönt.

Sure 30,21 – Er schuf Gattinnen für euch aus euch selber, auf dass ihr Frieden in ihnen fändet, und Er hat Liebe und Zärtlichkeit zwischen euch gesetzt.

Das sittenreine Leben ist zu erhalten, und bis heute ist die Ehre einer Familie vor allem an die Honorigkeit ihrer Frauen gebunden. Die freie Bewegung der Geschlechter wird mit scheelen Augen betrachtet, in der Öffentlichkeit führen Männer und Frauen ein geschlechtsspezifisch strukturiertes Dasein. Vor allem die Frauen fühlen sich in der Gemeinschaft von ihresgleichen geborgen und finden Kraft für den Alltag.
Das Gebot der Keuschheit, gleichermaßen für Männer und Frauen, bedingt die Verurteilung der außerehelichen, freien Partnerwahl und der Homosexualität. Als besonders schweres Vergehen zählt der Ehebruch, der nach der Gerichtsbarkeit der Scharia sehr hart zu ahnden ist.

Sure 24,2 – Weib und Mann, die des Ehebruchs oder der Hurerei schuldig sind, geißelt sie beide mit einhundert Streichen. Und lasst nicht Mitleid mit den beiden euch überwältigen in (der Ausführung) von Allahs Urteil, wenn ihr an Allah und an den Jüngsten Tag glaubt. Und eine Anzahl der Gläubigen soll ihrer Strafe beiwohnen.

Von Ausschweifungen jeglicher Art haben sich die Gläubigen fernzuhalten, sie sollten aber auch nicht in das Konträrverhalten der absoluten Enthaltsamkeit verfallen. Gott sandte all jene Annehmlichkeiten, mit denen die Menschheit ihre Bedürfnisse zu stillen vermag, in die Welt, damit sich der Mensch des Bereitgestellten bediene. Wichtig ist, dass er in gläubiger Ergebenheit unter Gottes Willen in seinem persönlichen Bereich eine befriedigende Ausgewogenheit herzustellen vermag:

Sure 5,89 – Macht nicht die guten Dinge, die Allah euch erlaubt hat, zu etwas Unerlaubtem, doch übertretet auch nichts. Denn Allah liebt nicht die Übertreter.

10.3 Die Familie

Der Einzelne prägt mit seinen Verhaltensweisen das Erscheinungsbild der Gesamtheit; die Gesellschaft mit ihren Normen formt den Einzelnen. In dieser Wechselbeziehung zwischen Sozietät und Individuum wachsen die Kinder heran und erfahren über ihre Erziehung, wie weit ihre Wünsche und Forderungen beantwortet werden können. Sie müssen lernen, im Sinne ihrer Gemeinschaft auf Stimuli aus der Umgebung zu reagieren. In islamischer Ausrichtung bedeutet das Anpassung an religiös vorgezeichnete Sitten.

In der Familie als der kleinsten Form gesellschaftlichen Zusammenlebens, als der Kernzelle der nationalen Einheiten, beginnt dieser Sozialisierungsprozess. Hier erfahren die Heranwachsenden, dass der Mensch nicht nur Rechte hat, dass er nicht nur Pflichten sich selbst als Einzelwesen gegenüber erfüllen muss, sondern dass er sich in seinem Daseinsablauf auf seine Umgebung einzustellen hat und mit persönlicher Eingliederungsbereitschaft zu einem reibungslosen Funktionieren der Allgemeinheit beiträgt.

10.3.1 Die Pflichten der Eltern

Vater und Mutter bereiten den Kindern innerhalb der Familie jene anfängliche Lebensschule, in der die ersten ethischen Regeln vermittelt, die Aufgaben gegenüber Gott, der Religion, dem Vaterland und der Menschheit gelehrt werden. Grundlage der Belehrung bildet die koranische Aussage.

Dem hilflosen Kleinkind wird natürlich zunächst die ganze pflegende Hinwendung zuteil, deren Elternliebe fähig ist. Sowohl die Großfamilie als die inzwischen häufigere Mehrgenerationenfamilie garantiert jene Wärme und Zuneigung, die die Kleinsten für ihr Gedeihen benötigen. Der körperliche Kontakt zu Bezugspersonen ist ein ererbtes Selbstverständnis; Kinderpflege wird nicht nach einschlägiger Literatur, sondern im Sinne übernommenen Brauchtums praktiziert. Die Verteilung der Geschlechter ist gottgewollt:

> Sure 42,49/50 – Er schafft, was Ihm beliebt. Er beschert Mädchen, wem Er will, und Er beschert Knaben, wem Er will; oder Er gibt beides, Knaben und Mädchen.

Von graduellen Unterschieden wird in der Offenbarung nichts erwähnt. Trotzdem spielt sich die Erziehung in geschlechtsspezifischer Differenzierung ab. Jungen werden länger gestillt als ihre Schwestern; sie genießen kleine Vorrechte, dürfen etwa draußen herumstreifen, während die Mädchen im Haus für das Haus erzogen werden. Dem unbefangenen Betrachter könnte das als eine Bevorzugung der Männlichkeit erscheinen. Tatsächlich ist es die Erziehung zum Rollenverständnis in der patriarchalischen Struktur der islamischen Familie, in der das hochgeachtete Familienoberhaupt für den Lebensunterhalt von Frau und Kindern sorgt, als deren Protektor fungiert und allen Obliegenheiten nachkommt, die sich aus außerhäuslichen Beziehungen ergeben:

Sure 4,34 – Die Männer sind die Verantwortlichen über die Frauen, weil Allah die einen vor den anderen ausgezeichnet hat.

Das Refugium der Frau liegt vor allem im Haushalt; sie pflegt die Kinder und vermittelt ihnen die ersten erzieherischen Eindrücke; sie wacht über Sauberkeit und Gesundheit der Ihren. Strenggläubige Muslime lehnen eine berufliche Tätigkeit der Hausfrauen und Mütter ab, da sie als zusätzliche Belastung eine Überbeanspruchung bedeuten würde. Andererseits ist es für die bäuerliche Frau eine selbstverständliche Pflicht, einen hohen Anteil der landwirtschaftlichen Arbeiten mit zu übernehmen.
Die äußere Versorgung der Kinder hat unterschiedslos zu erfolgen, Liebe und Güte sollen sich bei Wortwahl und Gebaren so verhalten, dass ihre Erscheinung von den Kindern als Vorbild anerkannt und übernommen werden kann. Die Erziehung läuft in strengem, konsequentem Rahmen ab. Erziehungsziele sind Gehorsam, die Erfüllung der religiösen Pflichten und das Verhalten im Sinne der islamischen Ethik. Welch hoher Wert der Edukation beigemessen wird, unterstreicht der Hadith: „Kein Vater kann seinem Kind ein größeres Geschenk machen, als eine gute Erziehung."

10.3.2 Die Pflichten der Kinder

Frühzeitig beginnen die Heranwachsenden zu ahnen, dass Höflichkeit, Hilfsbereitschaft und Güte gegenüber Älteren, vor allem aber gegenüber den Eltern aus der menschlichen Haltung nicht wegzudenken sind. Schon kleine Jungen und Mädchen haben sich den Wünschen von Vater und Mutter zu beugen und ihre Aufträge weitestgehend zu erfüllen. Widersprechen oder Aufbegehren stehen außer Diskussion, die Unterordnung ist von Anfang an zu üben. Der Prophet fasst das in

Deutlichkeit zusammen: „Gehorsam gegenüber den Eltern ist Gehorsam gegenüber Gott; wer sich gegen seine Eltern wendet, wendet sich gegen Gott.“ In der Rangfolge der Ehrfurcht schließen Vater und Mutter an den Höchsten an. Kinder haben tunlichst zu vermeiden, dass sie ihre Eltern durch Worte oder Handlungen kränken, sie sollten sie vielmehr durch Wohltaten erfreuen und ihre Herzen zu gewinnen trachten:

> Sure 46,15 – Wir haben dem Menschen Güte gegen seine Eltern zur Pflicht gemacht.

Eltern bleiben zumeist im Familienverband und werden bei Krankheit gepflegt, im Alter materiell sichergestellt. Gegen Ende ihres Daseins sollte jene Fürsorge auf sie zurückkommen, die sie einst ihren Kindern haben angedeihen lassen:

> Sure 17,23/24 – Verehret keinen denn Ihn, und erweiset Güte den Eltern. Wenn eines von ihnen oder beide bei dir ein hohes Alter erreichen, sage nie „Pfui!“ zu ihnen, und stoße sie nicht zurück, sondern sprich zu ihnen ein ehrerbietiges Wort. Und neige gütig gegen sie den Fittich der Demut. Und sprich: „Mein Herr, erbarme dich ihrer, so wie sie mich ernährten, da ich klein war.“

Die Erfüllung dieser Koranverse lässt Altenheimen nur geringen Freiraum, lediglich akute Krankheitsfälle erfahren Hospitalisierung; Pflegefälle werden im eigenen Haus betreut.
Nach dem Tod der Eltern sollte man regelmäßig ihre Grabstätten besuchen, in ihrem Gedenken Gebete sprechen und ihr Ansehen in liebevoller Erinnerung hochhalten.

10.3.3 Die Pflichten gegenüber den Geschwistern

Aus der Einigkeit strömt Kraft; die Bande einer friedlichen Familiengemeinschaft garantieren Geborgenheit, bieten Sicherheit für den Einzelnen und verkörpern in ihrer Gesamtheit eine gewisse Macht gegenüber der Umwelt. Die Kinder wachsen in diese Einsicht hinein, vor allem das Gefühl der Zuneigung zu den eigenen Geschwistern wird ihnen immer wieder bedeutet. Die Älteren haben sich ihren jüngeren Brüdern und Schwestern gegenüber als Beispiel zu fühlen, sie sind zu ihrem Schutz und ihrer Pflege aufgerufen. Ein Hadith sagt darüber: „Das Recht großer Geschwister gegenüber kleineren entspricht dem Recht des Vaters gegenüber seinen Kindern.“ Die großen Söhne oder Töchter übernehmen schon früh Verantwortung für die Familienangehörigen, sie unterstützen die Eltern bei der Erziehung der kleineren Kinder.

Diese wiederum haben ihre Rolle in der Geschwisterabfolge anzuerkennen; den größeren haben sie sich unterzuordnen und ihnen die geforderte Ehrerbietung zu erweisen, was sich auch darin ausdrückt, dass sie ihre älteren Brüder und Schwestern nicht einfach mit dem Namen ansprechen, sondern sie mit „großer Bruder" oder „große Schwester" titulieren. Übel vermerkt würde es, wollte sich ein Angehöriges um des eigenen Vorteils willen aus dem Clan lösen. Aufkeimende Unstimmigkeiten sind schnellstens zu bereinigen.

10.3.4 Die Pflichten gegenüber Verwandten und Nachbarn

Ein Hadith sagt: „Besuch bei Verwandten verlängert das Leben." Mögen die Eltern und Großeltern das höchste Maß an Respekt erwarten dürfen und die Geschwister für Liebe und Verehrung an nächster Stelle folgen, die weiteren Verwandten und auch die Nachbarn bleiben doch bei der Hinneigung nicht ausgespart. Auch ihnen sollte man einen angemessenen Teil an Aufmerksamkeit zukommen lassen, vor allem dann, wenn sie etwaiger Hilfe bedürfen.

Freundschaften wollen gepflegt werden; um Verbindungen nicht abreißen zu lassen, ist es deshalb die Pflicht eines jeden, Angehörige und Freunde in kurzen Abständen zu besuchen, sich geziemend nach ihrem Befinden zu erkundigen und ihnen im Notfall Unterstützung angedeihen zu lassen. Vor allem Arme, Kranke und Alleinstehende sind in diesem Usus der Nächstenliebe bevorzugt zu bedenken. Wer es finanziell ermöglichen kann, der erfreue sie mit einem kleinen Geschenk, sonst genügen auch Freundlichkeit und gute Worte zum Trost oder zur Aufmunterung. Durch Widerwärtigkeiten des Lebens oder durch Alter eigenbrötlerisch Gewordene sollte man in ihrem Verhalten tolerieren, von ihnen in Enttäuschung ausgestoßene Kränkungen überhören und in Erinnerung an das Prophetenwort – „Wer den Nächsten nicht besucht, kommt nicht ins Paradies" – doch gelegentlich wieder bei ihnen vorsprechen. Bei der Sättigung am eigenen Tisch möge man nie vergessen, dass es oft in nächster Umgebung Darbende gibt, denen gegenüber man zu einer Zubuße aufgerufen wäre. Hier Not zu lindern ist ganz im Sinne der Religion. Ein Hadith unterstreicht diese Verpflichtung: „Wer zu Hause ruhig seinen Magen füllt, während der Nachbar hungert, der ist kein Gläubiger."

Von seiner Veranlagung her ist der Mensch nicht dazu geschaffen, seine Tage in Einsamkeit zu verbringen. Seine Existenz basiert mit auf der

Zuwendung des Nächsten, die ihm hilft, Freude verstärkt zu empfinden und etwaiges Leid abzuschwächen. Selbst erfährt er über seine Anteilnahme am Schicksal anderer das genugtuende Gefühl eigener Nützlichkeit. In den Kreis jener, denen Muslime Interesse entgegenbringen, werden auch Personen einbezogen, die vom Verwandtschafts- oder Freundschaftsgrad her weniger nahe stehen. Humanität im Sinne der Offenbarung anerkennt zwar eine Skala für die Intensität der Hinneigung, schließt aber keinen Islamzugehörigen von der Hilfe aus, denn „die Gläubigen sind ja Brüder" (Sure 49,10).

Der Kreis der leiblichen Verwandten erweitert sich zur weitgespannten Glaubensfamilie:

> Sure 4,36 – Erweiset Güte den Eltern, den Verwandten, den Waisen und den Bedürftigen, dem Nachbarn, der ein Anverwandter, und dem Nachbarn, der ein Fremder ist, dem Gefährten an eurer Seite und dem Wandersmann und denen, die eure Rechte besitzt.

11. Der Lebensablauf

11.1 Geburt und Namensgebung

Die Umgebung von Jungverheirateten erwartet bald Anzeichen einer Schwangerschaft. Unfruchtbarkeit verheißt der Frau ein hartes Los; aus der Umgebung kommen Missbilligung, Vorwürfe und die Aufforderung zu ärztlicher Behandlung.

Genugtuung hingegen vermittelt die Erwartung eines Kindes. Die jungen Eltern wünschen sich einen Sohn; der Ehemann deshalb, weil ein Junge für den Fortbestand der Familie sorgt, die Ehefrau im Hinblick auf das Ansehen, das ihr ein männlicher Nachkomme beschert.

Zur Stunde der Geburt ruft man die Hebamme. Sie hat das Recht, das Neugeborene beim Durchtrennen der Nabelschnur mit dem ersten Namen, dem *Nabelnamen,* zu versehen; denn sollte das Lebenslichtlein verlöschen, noch ehe es recht zu brennen begonnen hat, muss das Kind einen Namen tragen, damit es von Gott bei seinem Namen ins Paradies gerufen werden kann. Die Hebamme wählt den eines älteren, würdigen Familienmitglieds oder einen Namen aus der Umgebung des Propheten Mohammed. Gerne spricht man über dem jüngsten Erdenbürger den *Glaubenssatz:* „Ich bezeuge, dass es außer *Allah* keinen Gott gibt, und ich bezeuge, dass *Mohammed* sein Diener und sein Gesandter ist." Das Bekenntnis flüstert man in das rechte und in das linke Öhrchen. Das Kind soll sein Dasein als gläubiger *Muslim*/gläubige *Muslima* beginnen. In manchen Familien stellen sich die Mitglieder in Gebetsrichtung auf und sprechen das „Allah ist größer!" zusammen mit dem Gebetsruf. Wird auch jeder Mensch von vornherein als Muslim geboren und bedarf es eigentlich keiner Zeremonie zur Aufnahme in die Glaubensgemeinschaft, so will man doch betonen, dass das Kind einer gläubigen Gemeinschaft in die Wiege gelegt wurde. Außerdem ist man bestrebt, Gott seine Dankbarkeit auszudrücken.

Die Kunde einer Geburt eilt mit dem Ausruf „Es ist geschehen!" durch die Häuser. Frauen aus der Verwandtschaft, Nachbarschaft und aus dem Bekanntenkreis rüsten sich zu einem Besuch bei der Wöchnerin, um ihr zusammen mit der Gratulation kräftigende Milchsuppe zu bringen.

Dem Baby, mit breiten Bändern straff eingebunden, heftet man eine blaue Perle gegen den bösen Blick an sein kleines Kopfkissen. Großzügige Besucher bringen den in Edelmetall gestanzten, arabischen

Schriftzug eines *Maschallah* als Glücksbringer zum Geschenk, wobei Gold die höchste Wirksamkeit garantieren soll, und *Maschallah* = „Gott hat es so gewollt" – wiederholen alle Bewunderer des Neugeborenen. Maschallah, was für ein hübsches Kind! Maschallah, man will das ja nicht verschreien, man will den bösen Blick nicht auf die kleine Unschuld lenken und damit Krankheit und Unheil hervorrufen. Maschallah, was für ein kräftiges Kind! Gott gebe Gesundheit und ein langes Leben.

Bewunderung und die Beschwörung etwaiger Unbill klingen durch den Raum – *Maschallah!* Familien, denen selbst *„41-mal Maschallah"* für Mutter und Kind nicht ausreichend erscheint, schicken einen Angehörigen zum *Hodscha* (dem Gelehrten des Ortes) mit der Bitte, einen Koranspruch auf ein Papier zu schreiben. Diesen Talisman, am Kopfende der Wiege befestigt, soll das Neugeborene vor bösen Geisern oder bösen Blicken bewahren. Einem Talisman über der Lagerstatt der Wöchnerin spricht man Schutzkraft vor dem bis heute gefürchteten Kindbettfieber zu.

Nach der Geburt sollen sich Frauen vierzig Tage lang nicht in der Öffentlichkeit zeigen; so will es die Sitte. Durch Schwangerschaft und Geburt geschwächt, ist die Gefahr einer Infektion und Erkrankung intensiviert. Nach einem volkstümlichen Ausspruch steht die Wöchnerin 40 Tage „mit einem Fuß im Grab". Innerhalb ihres häuslichen Pflichtenkreises sind die jungen Mütter jedoch bald wieder am Werken; denn eine übermäßig lange Schonfrist wird ihnen hier im Allgemeinen nicht zugebilligt.

Nach vierundzwanzig Stunden, nach drei Tagen oder – wie es der Prophet empfiehlt – nach sieben Tagen ruft man Verwandte, Freunde und Nachbarn zur Namengebung des Kindes. Die Ehre des Rituals fällt dem Vater, dem Großvater oder sonst einem würdigen Alten aus der Umgebung zu. Er vollzieht zunächst die gebotenen Waschungen, damit er das Kind in ritueller Reinheit auf den Schoß nehmen kann. Sind alle Geladenen versammelt, so erhebt er sich, dreht sich in die Gebetsrichtung und murmelt in das rechte Ohr des Kleinen den Gebetsruf der täglichen fünf Gebete und in das linke Ohr den Gebetsruf der besonderen Gebete; dann spricht er dreimal laut den Namen des Neugeborenen. Im Anschluss erfleht er von Gott Klugheit, Gesundheit, Glück und ein langes Leben für das Kind, damit es für seine Familie und für sein Volk ein nützliches Glied werden möge. Die Versammelten sprechen die Sure *Al-Fatiha* und drücken noch einmal ihre guten Wünsche aus.

Nach der Zeremonie zieht sich der Vater zurück, um ein Gebet mit zwei Niederwerfungen zu sprechen und Gott für seine Güte zu danken.

11.2 Der erste Zahn

Der Lebensablauf wird weniger an fein vermerkten Jahren als an biologischen Merkmalen erkannt. So ist die Feier des Geburtstags noch keineswegs ein verbreiteter Brauch. In das erste Lebensjahr fällt ein Ereignis, das besondere Beachtung heischt – der erste Zahn.

Wer immer ihn entdeckt, verbreitet freudigen Stolzes die Kunde und hat das Recht, dem Kleinkind ein Geschenk zu machen. Die Mutter wird aus Anlass der Begebenheit in der Küche aktiv und lässt über dem Feuer geschälte Weizenkörner ausquellen. Zucker, Rosinen und Nüsse darüber gestreut, wird sie damit ihre Mutter und Schwiegermutter, ihre Schwestern und Schwägerinnen, ihre Tanten, Basen und Nachbarinnen stärken, die bald zur Bewunderung des Zahnes herbeieilen. Maschallah, wie ist doch das Kind gewachsen! Maschallah, und der erste Zahn ist schon da! Gratulationen und gute Wünsche erfüllen den Raum. Vor allem aber hat man einen Grund, sich in weiblicher Einigkeit zu versammeln und die letzten Neuigkeiten auszutauschen. Der erste Zahn löst vom Alltag und motiviert ein Fest. Man singt, man klatscht, man schreitet zum Tanz, und bei ausgeschlossener Männlichkeit kann es vorkommen, dass eine Frau ihre Mitschwestern mit einem Bauchtanz überrascht.

Dazwischen umgibt man den Zähnling – vor allem dann, wenn er ein Junge ist – während eines launigen Spieles mit Dingen des Alltags. Was immer das Kind zuerst ergreift, soll Hinweis auf seinen beruflichen Werdegang geben. Es findet Gefallen am Kamm? Die erwachsenen Hände werden geschickt Frisuren zaubern. Es wendet sich dem Bleistift zu? Warum sollte nicht die Würde eines Beamten winken? Möge aber das kleine Wesen vor allem wachsen und gedeihen. *Inschallah* – so Gott es will …

11.3 Die Beschneidung

Die *Beschneidung* ist nicht eigentlich ein Brauch, der mit der neuen Religion bei den Muslimen Einzug gehalten hätte. Vielmehr war dieser medizinische Eingriff unter den arabischen Stämmen und den Juden bereits Tradition, bevor der Prophet Mohammed als Mahner aufgetreten ist. Der Koran kennt keine Sure, die die Zirkumzision im Klartext verlangen würde. Die Operation zählt zu jenen „rechtschaffenen Handlungen" (Sure 19,60), die das „Eingehen ins Paradies" verheißen. Trotzdem wird seit den Zeiten der Offenbarung die Beschneidung mit der Religion in absolute Verbindung gebracht.

Der Ritus hat sich so gefestigt, dass für Männer Muslimentum mit Beschnittensein gleichzusetzen ist. Unbeschnittensein käme einer Exklusion gleich. Auch Konvertierende genügen den Verbindlichkeiten des Übertritts nicht allein dadurch, dass sie aufrichtigen Herzens den Glaubenssatz vor befugten Zeugen aufsagen; Männer müssen sich darüber hinaus dem heilkundlichen Usus unterwerfen.

Die Theologie bezieht das Zeremoniell in die Lehre ein. Da der Prophet Mohammed beschnitten war, wurde der Vorgag zum *Hadith* und damit richtungweisend für alle Männer.

Die Medizin deklariert den Eingriff in Nüchternheit als einfache Hygienemaßnahme, als Mittel zur Krebsverhütung bei den Frauen.

Die Überlieferung gibt den erklärenden, mythischen Hintergrund mit einer seit vielen Jahren weitergereichten Erzählung: Der Kummer des Propheten *Ibrahim* (Abraham) lag darin begründet, dass ihm und seiner Frau trotz langer Gemeinschaft der Kindersegen versagt blieb. Auch die wiederholt geäußerte Beteuerung, er würde sein erstgeborenes Kind, sollte es ein Knabe sein, als Opfergabe darbringen, ließ seine Bitten an Gott unbeantwortet.

Als er einmal mit einer Karawane auf lange Handelsfahrt zog, erhielt er in der Ferne ein schönes Mädchen mit Namen *Hadscher* (Hagar) zum Geschenk. Seine Gattin akzeptierte zunächst die Jüngere als Nebenfrau. Als Hadscher jedoch ihren Sohn *Ismail* gebar und auffallend an Schönheit und Anmut zunahm, da überkam die erste Frau der Neid, und sie forderte die Entfernung der Konkurrentin.

Weil nun in jenen Tagen innerhalb des Hauses das Wort der Erstangetrauten als Gesetz zu achten war, musste Hadscher mit ihrem Sohn die Geborgenheit verlassen. Ibrahim brachte beide in ein fern gelegenes Tal und stahl sich davon, noch ehe er sich von ihrer Versorgtheit hatte überzeugen können.

In der Folge plagte ihn das Gewissen, und nach einigen Jahren erklärte er seiner Frau: „Ich habe mich deinem Willen gebeugt und habe meinen Sohn und dessen Mutter der Unsicherheit ausgesetzt, was mich seither

bedrückt. Lass mich nach ihnen suchen. Sollten sie nicht überlebt haben, so sei meine Hoffnung auf ein Wiedersehen begraben, und ich will Gott für mein Fehlverhalten um Verzeihung bitten. Sollten sie aber noch am Leben sein, so gönne mir, dass ich sie wiedersehe."
Ibrahim wurde Konsens unter der Bedingung erteilt, dass er zu Hadscher nicht wieder in engere Beziehung treten dürfe. Der Prophet machte sich mit seinen Knechten auf den Weg und musste, als sie sich dem Tal näherten, voller Verwunderung feststellen, dass hier in der Zwischenzeit ein Ort entstanden war. Ohne große Schwierigkeiten wurden Hadscher und Ismail gefunden. Die junge Frau erzählte, was sich zugetragen hatte.

Von Einsamkeit und Verlassensein überwältigt, waren sie zwischen den Hügeln *Mina* und *Sefa* hin- und hergeirrt und hatten Ausschau gehalten in der Hoffnung, Ibrahim möge seinen Weg zu ihnen zurückfinden. Mutter und Sohn hatten weder Nahrung noch Wasser. Als das dürstende Kind mehr und mehr zu trinken verlangte und schließlich weinend mit seinen Füßen aufstampfte, öffnete sich der Boden, und klares, kühles Wasser sprudelte hervor. In der Furcht, die Quelle könne versiegen, noch ehe sie recht geflossen war, rief Hadscher in ihrer arabischen Muttersprache *„Zem! Zem!"*, was „Halt! Halt!" bedeutet. *Zemzem* hatte sich als Quellenname auch erhalten, als Vorüberziehende des guten Wassers wegen ein Dorf gegründet hatten. An seiner Stelle steht heute *Mekka*; der Brunnen *Zemzem* spendet noch immer heiliges Wasser, und die Wallfahrer laufen zur Erfüllung ihrer Obliegenheiten – wie einst Hadscher – siebenmal zwischen den Hügeln Mina und Sefa hin und her.

Im Anblick seines heranwachsenden Sohnes und dessen wohlgestalter Mutter vergaß Ibrahim alle zu Hause geleisteten Zusicherungen und brachte die einst Ausgesetzte zurück in die Heimat. Die wartende Gattin überwand vor dem Schicksal der Rückkehr ihre nagenden Empfindungen und bot ihnen Schutz unter dem eigenen Dach an.

Weniger glimpflich meinte sie jedoch dürfe ihr wortbrüchiger Ehemann davonkommen. Mit Unzuverlässigkeit und neuerlicher Untreue hatte er Schuld auf sich geladen. Er verdiente Strafe im Sinne der damaligen Zeit, da man die sündig gewordenen Teile des Körpers ausmerzte. Dieben etwa hackte man die straffällige Hand ab, Lügnern und Verleumdern schnitt man die Zunge zurück.

Zu einem kleinen Schritt des Entgegenkommens war die Gattin des Propheten dennoch bereit. Die Wucht des Strafmaßes sollte den Sünder nicht in voller Härte treffen, und sie bestimmte: Anstatt der Lippen, die Hadscher geküsst hatten, seien nur die Spitzen des Schnurrbarts gestutzt; anstatt der Finger, die die junge Frau liebkost hatten, seien nur die Fingernägel verkürzt; anstatt des Penis, der die Vereinigung mit der Geliebten gesucht hatte, sei ausschließlich die Vorhaut abgeschnitten. Mit letzterer Forderung wurde Ibrahim zum ersten Beschnittenen, und der Brauch setzte sich fort bis auf den heutigen Tag. Liebe und Neid vermögen die Welt zu bewegen.

Die Angehörigen eines Jungen denken kaum über den tieferen Sinn und die allfälligen Hintergründe der Beschneidung nach. Überlieferte Bestimmungen werden befolgt. Außerdem bietet der Brauch der Umgebung Anlass für ein Familienfest, Freunden und Bekannten winkt ein geselliges Beisammensein. Der Eingriff kann vom ersten Lebenstag bis zum neunzehnten Lebensjahr vorgenommen werden, nach Möglichkeit in einem ungeraden Lebensjahr, denn ungerade Zahlen gelten als glückbringend.

In wenigen begünstigten Landstrichen mag es Dorfbewohner geben, die nicht viel Wesens um die ganze Angelegenheit flechten, die die Zirkumzision durchführen lassen, wenn der Beschneider gerade seine Schritte in den Ort lenkt. Im Allgemeinen jedoch wird der große Tag von langer Hand vorbereitet.

Die Mütter legen schneeweiße, mit Handarbeiten reich verzierte Bettwäsche, ein langes, weißes Nachthemd – Beschneidungsschürze genannt –, ein besticktes Mützchen und eine Schärpe mit aufgesticktem *Maschallah* bereit. Oft erhält der Junge zu diesem Anlass seinen ersten Anzug, im Sommer in schneeigem Weiß.

Auf dem Dorf findet die Feier zu Hause statt, in der Stadt mietet man gerne einen Saal, der alle geladenen Gäste aufnehmen kann. Hier wie dort werden Lagerstatt oder Bett blütenweiß überzogen. An die Wand hängt man einen schmückenden Gebetsteppich, über das Kopfende einen Koran in gestickter Hülle. In jenem Raum, da das Ritual stattfinden soll, warten eine Waschschüssel mit Wasserkrug, ein weißes Handtuch und Seife auf den Beschneider.

Am Morgen seines persönlichen Festtages darf der Junge in sein neues Gewand schlüpfen, das Käppchen aufsetzen und die Schärpe umlegen. Der Vater ruft ein Fahrzeug – eine Pferdedroschke oder ein Taxi –, um den Sohn zu dessen eigenem Vergnügen spazieren zu fahren. Anlässlich des Ausflugs besucht man auch eine Moschee, gerne auch das Grab eines Heiligen. Nach Hause oder zum Festsaal zurückgekehrt, waltet

der Beschneider seines Amtes. Neuerdings lassen auch manche Familien den Eingriff in einem Krankenhaus vornehmen.
Vorher wurde aus dem Bekanntenkreis ein würdiger Mann als Beschneidungspate ausgesucht, der zum „Trocknen der Tränen" Süßigkeiten oder ein anderes Geschenk mitbringt. Zur Ruhigstellung hält er dem Jungen die Beine, und fortan wird ihm in der Familie eine Sonderstellung eingeräumt. Er erfährt spezielle Ehrerbietung und genießt bei der Zukunftsplanung des Jungen ein gewisses Mitspracherecht.
Während des Eingriffs sollten aus der näheren Verwandtschaft nur die Männer anwesend sein. Die Mutter wird ins Nebenzimmer verbannt, wo man sie, um sie vom Schmerz ihres Sohnes abzulenken, die Füße in eine Schüssel mit kaltem Wasser stellen heißt. Das soll dem Kind Erleichterung bringen.
Die Zeremonie geht im Allgemeinen nicht ohne Tränen und Geschrei ab. Trotz leichter Lokalanästhesie und heilender Puder bleibt eine Wunde, die den Körper beherrscht, weshalb man den Patienten nach Anlegen des Verbandes sofort zu Bett bringt, wo ihn die Angehörigen küssen und ihm gratulieren. Dann darf er einige Stunden ausruhen.
Nach Abklingen der Anspannung und Aufregung erfüllen die Mutter zwiespältige Gefühle; sie empfindet Stolz, weil ihr Sohn nun in den Kreis der Männer aufgenommen ist. Sie verspürt aber auch den Stachel der Wehmut, weil sie sich mit einer Lockerung ihrer bislang engen Verbundenheit abfinden muss.
Gegen Abend erscheinen Gäste, die mit den Gratulationsformeln ihre Geschenke darbringen. Mitunter wird ein Goldstück unter das Kopfkissen geschoben.
Je nach den elterlichen Vermögensverhältnissen richtet man für die Gäste ein Mahl, das in ländlicher Umgebung meist im Garten gereicht wird. In der Stadt bewirtet man mit Süßigkeiten und Limonade oder Tee und Kuchen.
Puppenspieler und Zauberkünstler erfreuen vor allem die Kinder; später spielen Musikanten für die Erwachsenen zum Tanz auf. Eine Beschneidung ist ein Fest, über das noch lange gesprochen wird. Nur in sehr armen Gegenden bleibt die Sache eine Internangelegenheit für die nächste Umgebung.
Folgen mehrere Brüder von geringem Altersunterschied aufeinander, so richtet man das Fest für sie gemeinsam. Eine patrizische Sitte veranlasst wohlsituierte Familien, zusammen mit ihren eigenen Söhnen arme Jungen beschneiden zu lassen, damit auch sie in den Genuss eines

Ehrentages kommen. Selbst Wohlhabende, denen Allah zwar Töchter bescherte, jedoch den Segen von männlichen Nachkommen versagte, überwinden mitunter ihren Kummer und rüsten für die Jungen unbemittelter Familien zu einer Feier.
Das körperliche Unbehagen des Beschnittenen wird mit fortschreitender Zeit geringer, die Erinnerung an einen festlichen Höhepunkt bleibt. Am dritten Tag nach der Zirkumzision, dem „aus der Asche erstandenen Tag", kommt der Pate noch einmal ins Haus und erkundigt sich nach dem Befinden des Jungen.

11.4 Die Hochzeit

Die Einstellung zur Sexualität wird von ergebener Unkompliziertheit bestimmt. Kinder sind gottgewollt; sie garantieren den Eltern Fürsorge in fortgeschrittenem Alter, und eine Ehe wird im Hinblick auf das Aufziehen von Nachwuchs geschlossen. Wichtig ist, dass sich nach Ablauf eines Jahres die Wiege sacht bewegt.
Die Hochzeit ist eine „hohe Zeit", nicht nur für die betroffenen Familien, sondern auch für Verwandte, Bekannte, Freunde, Kollegen, das Dorf oder den Stadtteil.
Das Hochzeitsbrauchtum ist vielseitig und von Ort zu Ort verschieden. Auf dem Lande ziehen sich die Festlichkeiten über Tage hin. Sowohl in der Familie der Braut als auch in der des Bräutigams schlagen bereits Wochen vorher die Wogen geschäftiger Aufregung hoch.

11.4.1 Die Brautwerbung

Die Werbung geht von der Familie des jungen Mannes aus, ist also eine *Braut*-Werbung, jedoch kaum im Sinne des Miteinandergehens und -ausgehens, Diskutierens, Flirtens, Sich-näher-Kennenlernens, des Prüfens, ob die Erotik die Andersartigkeit des Partners entschuldigen wird, ob die Liebe die gegenseitige Anpassung bis an des Lebens Ende garantieren kann.
Liebe? – Mit den Gefühlen der großen Leidenschaft wird selten geheiratet. In ländlichen Gegenden suchen bis heute manche Eltern für ihren Sohn schon ein Mädchen aus, wenn beide noch in den Kinderschuhen stecken. Man erklärt den Heranwachsenden, dass sie füreinander bestimmt seien, was vorerst den Kitzel der Befriedigung be-

Gottes Gesandter: der Prophet Mohammed

Wegen des Bilderverbots im Islam sind Bildnisse Mohammeds sehr selten. Wenn es sie gibt, ist das Gesicht des Propheten oft mit einem Tuch bedeckt oder ganz ausgespart. Wo einige islamische Künstler es wagten, das Gesicht des Gesandten Gottes darzustellen, stammen diese meist aus türkischen oder persischen Kreisen, die sich nicht so streng an orthodoxe Bestimmungen gebunden wussten. Diese Seite zeigt Beispiele für beides: Der Prophet auf dem Berg Hira, Bildnis aus einer Biographie des 16. Jahrhunderts (oben links); Die Ankunft des Propheten in Medina und das Moschee-Bauwerk, Illustration aus einer religiösen Handschrift um 1800 (oben rechts); Mohammed und Mose begegnen sich im Himmel, Miniatur aus dem 17. Jahrhundert (unten).

Der Koran

Obwohl alle großen Religionen ihre Heiligen Bücher besitzen, nimmt doch nirgendwo ein Buch eine so herausragende Rolle ein, wie der Koran im Islam. Der Koran, von Ewigkeit her bei Gott gewesen, ist konkrete Offenbarung Gottes und darum mit nichts auf der Welt vergleichbar. Im Koran ist Gottes Wort Buch geworden. Der Prophet Mohammed ist nur das Medium, dessen Gott sich bediente; er trug weder am Inhalt noch an der Formulierung einen Anteil. Dieser unvergleichlichen Stellung des Koran wurde im Islam seit jeher u. a. durch besonders kostbare Ausarbeitung einzelner Schriften Ausdruck verliehen (Bild unten links: Koran-Ausgabe aus dem Iran um 1820). Jeder einzelnen Sure kommt so viel Sorgfalt zu, wie beispielsweise der alleinigen kalligraphischen Ausgestaltung des Gottesbegriffs „Allah" (Bild oben: Kalligraphie einer religiösen Handschrift aus der Türkei am Anfang des 19. Jahrhunderts). Seit Mohammeds Zeiten wird der Koran in den Moscheen rezitiert und gesungen, in den Koranschulen gelernt, im Privaten meditiert, abgeschrieben und interpretiert. Ein besonders segensreicher Akt stellt für die Muslime das Auswendiglernen des Koran dar (Bild unten rechts: in einer Moschee in Lahore/Pakistan studiert ein Mann den Koran).

Bekenntnis des Glaubens

Mit ihrem Glaubensbekenntnis, der *Schahada* (Bild unten: die *Schahada* in arabischer Schrift in ihrer kunstvollen Darstellung auf der Nationalflagge Saudi-Arabiens), können Muslime in wenigen Worten das Wesen des Islam ausdrücken: der Glaube an Gott, der einzig ist, und die Anerkennung Mohammeds als Gottes Gesandten. Ruft der Muezzin (in traditioneller Rufhaltung im Bild oben links) zum Gebet, gehört der Glaubenssatz in je zweimaliger Wiederholung zum Gesang – fünfmal am Tag. Der Lobpreis Gottes ist alltäglich wohl am eindrucksvollsten im Gebet der *99 Namen Allahs* ausgesagt; symbolisiert durch die *Misbaha* (Bild oben rechts), die Perlenkette, mit der Muslime andächtig und scheinbar unbegrenzt diese Litanei rezitieren.

Die Wallfahrt nach Mekka – Haddsch

Nach Glaubensbekenntnis und rituellem Gebet, dem Almosengeben und Fasten bildet die Pilgerfahrt nach Mekka die fünfte und letzte Säule der islamischen Pflichtenlehre. Das bedeutet, dass sie für alle erwachsenen Muslime beiden Geschlechts, wenn sie die nötigen Mittel haben und physisch stark genug sind, mindestens einmal im Leben eine Pflicht ist. Die große Pilgerfahrt besteht aus mehreren Stationen, die an mehreren Tagen zu absolvieren sind, üblicherweise vom 8.–12. Dhul'l-Hidja (Bild unten: der Weg der Pilger am 9. und 10.), dem zwölften Monat des islamischen Kalenders. In den letzten Jahren besuchten jährlich mehr als 1,5 Millionen Menschen aus der ganzen Welt, gekleidet in den weißen *Ihram*, dem traditionellen Gewand der Pilger, die mit schwarzen Teppichen bedeckte Kaaba (Bild oben rechts) und die umliegenden Heiligen Stätten (Bild oben links: Zeltstadt für die Pilger auf der Ebene Arafat). In den Augen der Muslime symbolisiert Mekka das lebendige Zentrum des Islam und so trägt die Stadt den Ehrennamen „Ehrwürdige".

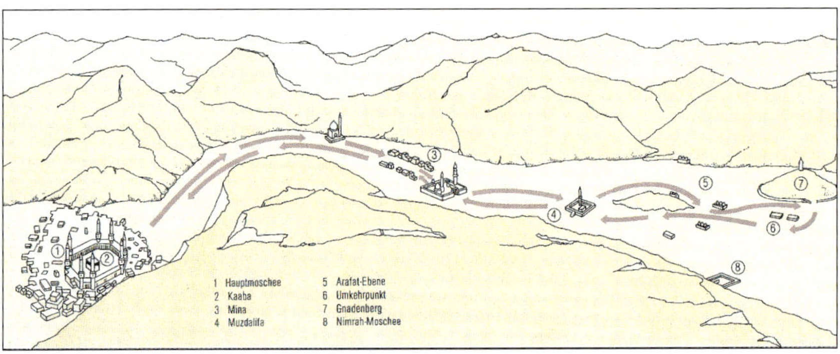

Der Felsendom in Jerusalem

Nach Mekka und Medina sind der Felsendom (Bilder oben; rechts während des Mittagsgebets am Freitag) und die Al-Aqsa-Moschee auf dem so genannten Tempelberg in Jerusalem die bedeutendsten Stätten des Islam. Die Gotteshäuser befinden sich seit 1300 Jahren an diesem Ort, von dem aus Mohammed durch die sieben Himmel in die Gegenwart Allahs gelangte (Bild unten: der Heilige Fels, welcher der Omar-Moschee den weltbekannten Beinamen *Felsendom* einbrachte); die Tradition verlegt auch das Sohnes-Opfer des Abraham an diesen Ort.

Quelle des Lebens – bedeutender Ritus: das Wasser

Mehr als jedes andere Element ist im Islam das Wasser gesegnet. Es steht für ein Sprudeln, das den Menschen durch göttliche Fügung und Güte Leben spendend zukommt. So ist das Wasser wichtiger Bestandteil fast aller islamischen Weihe- und Reinigungsrituale. An allen religiösen Örtlichkeiten finden sich mehr oder weniger große, mal zentral, mal abseits gelegene Wasservorhaben bzw. -becken, die es den Gläubigen ermöglichen sich zu jeder Tages- und Nachtzeit rituell zu säubern, um ihre Gebete gültig zu vollziehen. Da der Islam besonders die Bewegung und die Dynamik des Wassers hervorhebt, finden sich an diesen Orten nie stehende Gewässer (Bilder oben: an der Dargah in Ajmer/Indien; Bild unten: im Hof der Jama Masjid in Old-Delhi/Indien).

Das Gebet des Einzelnen

Das muslimische Gebet ist die Annahme des Islam als die Religion des einen Gottes und Mohammeds als dessen Propheten. Das rituelle Gebet, fünfmal am Tag durchgeführt, ist sichtbarster Ausdruck der Gottesverehrung und Gottesverbundenheit der Gläubigen. Es ist auch das Bild, das in der Weltöffentlichkeit am meisten präsent ist: eine mehr oder weniger große Masse, die strikt ritualisiert ein Gebet verrichtet, die Versammlung auch zu politischen Reden nutzend.

Aber auch der Islam kennt seine Form der Mystik, das Sufitum, in der es um die Verinnerlichung des Glaubens geht. Die Kraftquelle auf dem mystischen Weg ist das beständige Gedenken Gottes, wobei es nicht um eine Pflichterfüllung geht, sondern um die liebende Zuwendung zu Gott und der gesamten irdischen und himmlischen Schöpfung.

Diese seltenen Bilder von in der Öffentlichkeit betenden muslimischen Frauen (aufgenommen in der Dargah von Ajmer/Indien) vermag etwas von der Innigkeit persönlichen Betens zu vermitteln, die auch der Islam kennt: der Mensch mit seinen Sorgen und Nöten, seiner Bitte, seinem Dank und seiner Anbetung vor Gott, dem Schöpfer der Welt, der das Dasein in seinen Händen hält. Gleichsam dokumentieren diese Bilder klassische Gebetshaltungen des Islam: die Verbeugung (oben), das bittende, anrufende Gebet (Mitte) und eine Geste von Hingabe und Anbetung (unten).

Augenblicke

Diese Bilder, aufgenommen im November 2001 an der Dargah in Ajmer und der Jama Masjid in Old-Delhi, beides Orte traditionalistischen Islams in Indien, zeigen nicht nur Gläubige in traditioneller Kleidung (die Kappe der Jungen und Männer, die unterschiedliche Bedeckung der Mädchen), sondern dokumentieren in politisch angespannter Situation eine bemerkenswert offensive Freundlichkeit, die die Menschen an diesen Orten einer westlichen Besucherin entgegenbrachten. Es ist politische wie erzieherische Verantwortung, aus dem Islam nicht das normative Schreckensgespenst der Gegenwart zu machen; es käme einer Vorverurteilung von 1,3 Milliarden Menschen gleich, die weltweit muslimischen Glaubens sind.

schert; denn unverheiratet zu bleiben, das birgt den Stachel der Erfolglosigkeit. Den Eros vermag es allerdings noch keineswegs zu wecken. In den Städten erlaubt man den jungen Leuten, einmal miteinander ins Kino oder zu einer Geselligkeit zu gehen und meint mit diesen Bewilligungen, Zugeständnisse an eine moderne Lebensweise zu machen.
„Verliebt?" – können frisch Verlobte auf die Frage nach der Beziehung zu ihrem Bräutigam reagieren. „Verliebt? – Das kommt erst danach."
Die Palette der Brautwahlmodalitäten reicht vom ungefragt Füreinander-Bestimmtwerden über einen Blick auf der Straße bis zum Kennenlernen in Schule und Universität oder am Arbeitsplatz.
Meint ein Jüngling, es sei an der Zeit, eine Familie zu gründen, so enthüllt er seinen Wunsch nicht etwa seinem Vater, vor dem Intimangelegenheiten auszubreiten ihm Respekt und Scheu verbieten, sondern er wendet sich damit an seine Mutter. Sie versteht ihn und wird ihn unterstützen, braucht sie doch das Unbehagen der Trennung nicht zu fürchten und darf auf eine schwiegertöchterliche Mithilfe im Haushalt rechnen. Außerdem wünscht sie sich Enkel. Hat sie unter den Töchtern des Ortes schon eine heimliche Wahl getroffen, so kann sie in den meisten Fällen sicher sein, dass sich der Sohn ihrer Entscheidung beugen wird.
Zunächst bemüht sie sich jedoch um ein schmackhaftes Abendessen; denn der Vater muss milde gestimmt werden. Beim nachfolgenden Gespräch mit ihrem Ehemann lässt sie anklingen, welches Mädchen ins Auge gefasst sei. Nach echter oder gemimter reiflicher Überlegung, nach stirnkräuselndem Wenn und Aber erteilt der Vater offiziell den Konsens.
Dann werden die Frauen aktiv. An einem der nächsten Tage stattet die Mutter mit ausgesuchten, gesetzten Frauen ihrer näheren Umgebung beim weiblichen Bewohnerteil im Haus der Auserwählten einen Besuch ab. Bei leichten Gesprächsthemen beobachtet man die Manieren der künftigen Braut; man erwartet ihre Flinkheit beim Servieren von Tee, Fruchtsäften und Zuckermandeln und ansonsten bei niedergeschlagenen Augen ihre schweigende Zurückhaltung. Dabei fühlt man vor, ob der Familie eine Verbindung erwünscht sei. Scheiden die Frauen in zufriedenem Einvernehmen, so beauftragt der Vater des jungen Mannes einen würdigen, älteren Mann damit, um die Hand des Mädchens anzuhalten. Dieser spricht beim Vater der Braut vor, und bereits während des ersten Zusammentreffens erwähnen die Gesprächspartner vorsichtig das Brautgeld und den Hochzeitstermin. Der Brautvater befindet über

Zu- oder Absage, und die Töchter sind im Allgemeinen dazu erzogen, die Entscheidungen ihres Vaters zu akzeptieren. Jedoch lässt man mitunter auch die eventuelle Gegenwehr eines Mädchens gelten.
Findet man im Verwandten- und Bekanntenkreis für junge Männer keine geeigneten Heiratskandidatinnen, so erhält eine Vermittlerin den Wink, ihre Fühler auszustrecken. Ältere, wendige Frauen mit reicher Lebenserfahrung und großem Bekanntenkreis benützen ihre Kontaktfreude dazu, Fäden zwischen den einzelnen Haushalten zu spinnen. Bei ihren Besuchen lernen sie die Heranwachsenden, die Atmosphäre und den Status der Familien kennen. Sie erfassen intuitiv, welche Voraussetzungen sich für eine Verbindung eignen würden. Die Bemühungen dieser Frauen werden anerkannt, sie genießen Ansehen und sind als Besucherinnen immer willkommen.
Die Initiative rührt sich grundsätzlich auf der männlichen Seite. Verursacht der Anblick eines Jünglings bei einem Mädchen Herzklopfen, so behält sie das wohlweislich für sich. Sie hat zu warten, bis ihr die Ehe angetragen wird. Feminine Eigenaktivitäten in Herzensdingen gelten als unschicklich.
In den Städten mit ihrer erhöhten Anonymität unter den Bewohnern bittet man eventuell Verwandte, etwa eine ältere Tante, jene beiden Familien, die eine Verbindung ihrer Kinder anstreben, gemeinsam einzuladen, damit sich alle Beteiligten kennen lernen können. Äußert sich das junge Mädchen negativ, so winkt man diskret ab, damit der nächste Schritt des Heiratsantrags unterbleibt. Die Peinlichkeit einer Zurückweisung sollte dem Bewerber stets erspart bleiben.

11.4.2 Verlobungszeit und Aussteuer

Das Brautgut eines Mädchens sammelt man von dessen Geburt an. In emsiger Arbeit bestickte Leintücher, Kissenbezüge, Hand-, Kopf- und Taschentücher ruhen sorglich verwahrt in der Aussteuertruhe. Steppdecken, Wolldecken, Matratzen und Küchengeräte vervollständigen den Schatz. Einst legte man Wert auf schwere Kupferkessel und verzinnte Schüsseln. Doch verdrängen Leichtmetall, Porzellan und Plastik mehr und mehr die alten Gewohnheiten.
Während dieser Trousseau zugunsten des künftigen Haushalts von der Familie der Braut zusammengetragen wird, stellt die Familie des Bräutigams eine Aussteuer zusammen, die zum alleinigen Eigentum der Braut wird. Von den Strümpfen über die Unterwäsche und einen Mor-

genrock bis zu den Kleidern, einem Mantel und verschiedenen Gaben für die Angehörigen der Braut legt man Tage vor der Eheschließung alle Gegenstände zur Begutachtung aus. Verwandte und Nachbarn eilen herbei, bewundern Reichhaltigkeit und Qualität und nehmen den Besuch zum Anlass, ihr Hochzeitsgeschenk abzuliefern. An der Güte der Ausstellung ist die Wertschätzung der Braut im Hinblick auf den Status ihres Herkommens zu erkennen. Im Allgemeinen gibt man sich Mühe beim Einkauf; denn es gilt nicht nur, die Braut zu erfreuen. Sie wird darüber hinaus die schwiegerelterliche Familie in den neuen Gewändern für geraume Zeit repräsentieren. Eine Schwester oder Schwägerin des Bräutigams bringt die Gaben schließlich in das Haus der Braut.
Fällt eines der großen, religiösen Feste in die Verlobungszeit, so schickt die Familie des jungen Mannes der Braut zum Fest des Fastenbrechens eine Aufmerksamkeit, etwa bestickte Pantoffeln, einen Kleiderstoff, ein Seidentuch, dazu Henna, Backwerk und Früchte. Zum Opferfest treibt man ein Tier vor das Haus der Brauteltern.
Ein angenehmer Brauch besteht in manchen Gegenden darin, das zu verheiratende Mädchen reihum zu seinen Freundinnen zum Mittagessen einzuladen. Etwa drei Wochen vor der Eheschließung beginnend, darf sich die feiertägig gekleidete Braut jeden Tag an einen anderen ihr zu Ehren reich gedeckten Tisch setzen.

11.4.3 Die festlichen Tage

Vor allem auf dem Land wird mit Hingabe gefeiert. Die Erfüllung der Konventionen und die ausgelassenen Festlichkeiten ziehen sich über Tage hin.
Den meisten muslimisch geprägten Völkern kann man kaum Materialismus vorwerfen. Jedoch weiß man äußere Lebensgüter als beruhigende Grundlage des Daseins zu schätzen, und das Recht des Besitzers wird anerkannt. So will es die Sitte, dass der geschäftliche Teil am Anfang zu erledigen ist; die Aussteuer des Mädchens wird am ersten Tag der Hochzeitsfeierlichkeiten aufgeschrieben. Dazu begeben sich der Imam, der Lehrer oder ein anderer würdiger Mann mit den beiden Vätern der Brautleute zum Gemeindevorsteher, der alle Gegenstände auflistet und den Schriftsatz mit eigenhändigen Unterschriften oder mit Stempeln bestätigen lässt.
Die zuvor im Haus der Braut öffentlich gezeigte Aussteuer wird nun ins Haus des Bräutigams geschafft, dort aber nur von den nächsten Ange-

hörigen kurz qualifiziert; denn bis zum eigentlichen Hochzeitstag muss damit das Zimmer der Hochzeiter gerichtet sein.
In der Stadt bemüht man sich vor der ehelichen Verbindung um eine eigene Unterkunft, der Wohnungsnot und hohen Mieten wegen ein sehr schwieriges Unterfangen. Das von der Braut eingebrachte Gut wird im Allgemeinen auch hier von dem zuständigen Gemeindevorsteher vor Zeugen niedergeschrieben und beglaubigt.
Die Dorfbevölkerung feiert in geschlechtsspezifischer Trennung. Wohnen die zu Vermählenden in der gleichen Ortschaft, so versammeln sich die Männer im Haus des Bräutigamvaters, die Frauen in dem der Brauteltern. Bei günstigem Wetter vergnügen sich die Männer tagsüber mit Ringkämpfen oder anderen Spielen im Freien. Dazu wird manche Gewehrsalve zum Ausdruck der Freud in die Luft geknallt. Am Abend singen, erzählen und scherzen sie im „Empfangsraum" des Hauses.
Die Frauen besuchen die Familie der Braut, um dort zum Ausdruck ihrer gehobenen Stimmung ebenfalls zu singen und zu tanzen. Den Höhepunkt ihrer Treffen stellt die *Henna-Nacht* dar, der Vorabend des Hochzeitstages.
Wohnt die Braut in einem entfernten Dorf, so ziehen Verwandte des Bräutigams aus, sie einzuholen. Zur Beförderung dieser Abordnung bedient man sich in der Gegenwart gerne der Pferdestärken aus dem Benzintank. Nur noch selten besteigt man Vierbeiner. Taxis, Lastautos oder Traktoren mit Anhänger bringen die froh gestimmte Schar an ihren Bestimmungsort. In Erinnerung daran, dass man einst auf Pferderücken anreiste, heißt das Bewirtungsritual, das im Brauthaus auf die Gäste wartet, *Pferdetee*. Zu heißem, süßem Tee werden Zigaretten und Süßigkeiten gereicht. Unter die Ortsfremden mischen sich bald auch die Verwandten und Nachbarn der Braut. Man lernt sich kennen, und da nicht alle Ankömmlinge unter einem Dach nächtigen können, sprechen die Ansässigen im Verlauf der Geselligkeit ihre Einladungen für das Abendessen und die Übernachtungen aus. Sie sind längst gerüstet, und die Reisenden nehmen dankbar an. Am Abend sind die Männer des Dorfes besonders darum bemüht, den maskulinen Teil der Gäste zu unterhalten, da sich die Frauen zur *Henna-Nacht* im Brauthaus aufhalten.

11.4.4 Die Henna-Nacht

Eine wohlerzogene Muslima hat sich so zu verhalten, dass sie die Sinne der Männer weder mit Worten noch mit ihrem Erscheinungsbild oder ihren Verhaltensweisen reizt. Körper und Haare bleiben bedeckt, die Augen gesenkt und die Stimme bei zurückhaltender Modulierung feminin hell. Auch ohne Schleier und verhüllendes Gewand errichtet sie eine Mauer zwischen sich und dem anderen Geschlecht.

Jedoch wäre sie kein von Gott erdachtes Geschöpf mit dem Urinstinkt der Weiblichkeit, wenn sie auf die Raffinessen verschönernden Beiwerks verzichten wollte, und selbst eine Religion scheint an den archetypischen Neigungen der Frauen nicht vorbeizukommen; denn auch streng angelegte Maßstäbe erlauben im Islam ein Färbemittel vegetabilischen Ursprungs – die *Henna*.

Der Hennastrauch, eine alte Kulturpflanze, liefert über seine gelben Rispenblüten wohlriechende Öle als Grundbestandteil von Parfümen und Balsamen. Für das Färbemittel allerdings werden die Blätter gesammelt und getrocknet. Ehemals im Mörser mit einem Stößel zerkleinert, nimmt sich heutigentags die Kleinindustrie der Pulverisierung an und bringt das khakifarbene Puder auf den Markt. Mit warmem Wasser vermischt, wird Henna als Paste auf die Haare, die Handinnenflächen, die Fußsohlen und die Finger- oder Zehennägel aufgetragen. Weiße Tücher schützen für eine Nacht die bestrichenen Körperstellen, damit die Substanz wirksam zu werden vermag. Je nach Einwirkungsdauer besteht der Effekt in einer orangeroten bis kräftig rot-braunen Färbung von Haut, Nägeln oder Haaren.

Jedoch gilt Henna nicht allein als Kosmetikum. Gerade auf dem Lande fallen Frauen in einem Alter, da man die Waffen schmeichelnder Verschönerung im Allgemeinen zur Seite gelegt hat, durch hennarote Haare auf. Ihnen geht es nicht um die Korrektur ihres Äußeren, sondern um den Farbstoff als Pharmazeutikum. Henna genießt den Ruf, sowohl quälende Kopfschmerzen zu lindern, als auch die Pein der von grober Arbeit rissig gewordenen Händen zu mildern. Auch gegen den allgemein gefürchteten *bösen Blick* soll Henna ein Schutzmittel sein.

Letztendlich stellt die Anwendung des Pulvers einen religiösen Ritus dar. Wann immer eine Muslima aus diesem Leben abberufen wird, sollte sie an der Pforte zum Jenseits eine eingefärbte Körperstelle vorweisen können. Erkennungsmerkmal einer Rechtgläubigen? Die Überlieferung berichtet, dass die Mutter des Propheten Mohammed Henna verwendet habe; damit ist deren Gebrauch für gläubige Frauen zum Hadith, zum befolgenswerten Beispiel, erhoben.

Henna verheißt also Schutz und Trost für mancherlei Situationen des Lebens. Von den Feiertagen abgesehen, da viele Frauen ihrem Ritual nachkommen, zieht sich ihre Anwendung still durch die Zeiten eines Jahres. Jedoch einmal im Leben einer Frau gewinnt sie spezielle Bedeutung: Am Vorabend der Hochzeit begeht man die *Henna-Nacht*; anlässlich ihrer Verabschiedung aus dem Elternhaus erfährt die Braut besondere Beachtung.

Männer bleiben von diesem geselligen Beisammensein ausgesperrt. Der Abend vereint den weiblichen Teil der Familien von Bräutigam und Braut, außerdem alle heiratsfähigen Mädchen des Dorfes oder des Verwandten- und Bekanntenkreises. Mit dem Laden der Gäste wird ein verwandter junger Bursche beauftragt. Er verteilt jedoch keine auf Bütten schriftlich fixierten Aufforderungen, sondern verleiht seiner höflich vorgetragenen Einladung dadurch besonderes Gewicht, dass er als sichtbaren Hinweis auf die zu erwartende Festlichkeit ein Zündholz, einen Holzlöffel oder ein Taschentuch überreicht. Mancherorts lassen es sich die Mütter nicht nehmen, für das Backen kleiner Brote Sorge zu tragen und sie verteilen zu lassen.

Am Vormittag wird die Braut einer gründlichen Reinigung unterzogen. Ist am Ort ein *Hamam* (traditionelles orientalisches Bad), so begleiten sie Frauen der Familie dorthin, sonst stellt man sie in eine ausladende Schüssel und rückt ihr mit Seife und Wasser zu Leibe. Anschließend wird sie neu eingekleidet.

Nach des Tages Mühen treffen die jungen Mädchen im Haus der Braut ein. Sie werden von ihren Müttern begleitet, die ja den Schutz auf dem nächtlichen Heimweg garantieren müssen. Die älteren Frauen geben sich lebhaft, küssen die bereits Versammelten auf beide Wangen und erkundigen sich wortreich nach deren Ergehen. Die Halbflüggen üben wohlerzogen Zurückhaltung, die altersspezifische Hierarchie gebietet ihnen Schweigen. Wer weiß, vielleicht hält ihnen das Schicksal eine der anwesenden Frauen als Schwiegermutter bereit? Frohgestimmt, festlich gewandet und Sicherheit in der femininen Solidarität empfindend, blühen die Frauen auf. Zungen lösen sich zu Liedern, die vor allem Freud und Leid der Liebe vortragen, die Mädchen vereinigen sich zum Reigen und hüpfen und schreiten den Rhythmus ihrer ortsüblichen Volkstänze. Ergötzliches Geplauder samt gedämpftem Gelächter ziehen sich durch den ganzen Abend. Aus dem Haus des Bräutigams wurden bereits am Tage Fruchtsäfte, Limonaden, Trockenfrüchte, Nüsse und Süßigkeiten geschickt, die man auf Tabletts anbietet.

Den Höhepunkt der Festlichkeit bildet jener Augenblick, da einige aus-

gewählte Mädchen anmutig erhobenen Hauptes, flache Schüsseln mit eingewickelten Bonbons balancierend, den Raum betreten. Inmitten des süßen Segens ruhen kleine Schalen voller angerührter Henna. Die Trägerinnen empfängt begeisterter Beifall, nicht nur, weil sie jenes Spezifikum offerieren, das dem Abend den Namen gibt, sondern weil sie nach der Überlieferung darauf hoffen dürfen, die nächsten Eheaspirantinnen zu sein.
Der Braut betupft man nun in künstlerischen Formen die Hände und manchmal auch die Füße mit der cremigen Substanz und bindet ihr weißes Leinen darum. Die mitfeiernden Geschlechtsgenossinnen stecken nur den kleinen Finger in die Farbe und kleben sich als Schutz das Papierchen eines Bonbons darauf. Im Gewoge der erregten Gemüter sitzt die Braut still inmitten ihrer Gäste. Man verhüllt ihr den Kopf mit einem roten Schleier, als wollte man ihr Möglichkeit geben, sich von der Umwelt abzuschirmen. Widerstreitende Gefühle durchfluten sie; zum einen ist sie neugierig erregt, soll ihr doch der nächste Tag die Erfüllung ihrer Mädchenträume bringen, zum anderen beschleicht sie ängstliche Unsicherheit, denn dieser ihr Ehrenabend bedeutet das Aufgeben der vertrauten Umgebung, Trennung von Schutz und Schirm des Elternhauses, die Entlassung in eine unbekannte Zukunft. Rote Farbtupfer an Händen und Füßen werden in den nächsten Wochen die einzige Verbindung zum Elternhaus darstellen.
Der Henna-Festabend endet vor Mitternacht; denn bis zum Tageswechsel sollten die Gäste ihr Heim erreicht haben.

11.4.5 Der Hochzeitstag

Am *Hochzeitstag* wird die Braut von den Frauen ihrer Familie angekleidet und geschmückt. Ein Schleier verhüllt das Gesicht. Während der Prozedur wird dem Mädchen der Ernst der Trennung bewusst, und sie fängt an, still vor sich hinzuweinen. Im Kreis ihrer Familie genießt sie ein letztes Mahl, dann kommt eine Abordnung aus dem Haus ihres Bräutigams, um sie mit Pauke und Oboe abzuholen. Sie wird umarmt, sie küsst den Älteren zum Abschied die Hand, und manche Familienangehörigen stimmen laute Klagen des Trennungsschmerzes an. Zu Fuß, in einem geschmückten Wagen oder auf weißem Pferd tritt sie ihren Weg in die Ehe an.
Vor dem Haus ihres künftigen Ehemanns erwarten die Schwiegereltern und andere Familienangehörige das junge Mädchen. Schickte man der

Braut einen Heiligen Koran (als Segenspender) und einen Spiegel (als Glücksbringer) voraus, so kann es die Sitte wollen, dass die Schwiegermutter die Braut unter dem hoch erhobenen Heiligen Buch durchlaufen lässt.

Noch vor diesem Einzug nimmt der Bräutigam im Kreis von geladenen Männern an einem Festmahl im eigenen Haus teil. Als Vorbereitung wurde er sorgfältig rasiert und frisch eingekleidet. Am Abend begleiten ihn die Freunde zum Nachtgebet in die Moschee. Wieder zu Hause nimmt ihn eine der älteren Frauen an der Hand und führt ihn in den Raum, in dem ihn inzwischen seine Braut erwartet. Ganz gleich, ob die zivile Trauung vor dem Standesamt schon stattfand oder für spätere Zeiten geplant ist, spricht ein *Imam* Koranverse, um den Bund aus religiöser Sicht zu segnen, und in manchem Dorf hält man bis heute das Hochzeitsgebet für sanktionierender als die Unterschrift eines Beamten. Anschließend lässt man die beiden jungen Leute allein, der Bräutigam darf die Verhüllung der Braut lüpfen.

In der Stadt geht dem Festtag in jedem Fall die standesamtliche Trauung voraus. Für die Hochzeitsfeier mietet man einen der Säle, die für derartige Anlässe bereitstehen. Da sowohl bei den Standesbeamten als auch bei den Saalwirten die Kalendarien gedrängt voll sind, müssen sich die Hochzeiter der Terminnot beugen und häufig beide Ereignisse getrennt abhalten. Einladung ergeht an Verwandte, Bekannte und Nachbarn, an Vorgesetzte und Untergebene, an alle, mit denen man in noch so lockerer Verbindung steht. Hunderte von Gästen, Männer, Frauen, Kinder in bunter Folge, strömen herbei; an letzter Stelle hält das Brautpaar, das man unter einer Reihe von gekreuzten Fackeln oder Kerzen hindurchgehen lässt, unter dem begeisterten Applaus der Gesellschaft, die sich erhoben hat, einen Einzug. Im Verlauf des Abends gehen Braut und Bräutigam von Tisch zu Tisch, um die Glückwünsche entgegenzunehmen. Älteren, würdigen Anwesenden küssen sie dabei die Hand. Für die Unterhaltung der Gäste sorgen Sängerinnen, Bauchtänzerinnen oder Vorstadtakrobaten. Eine Musikkapelle spielt auf, getanzt wird modern und folkloristisch. Die Verstärker der Instrumente sind auf höchste Phonzahl eingestellt und machen persönliche Gespräche zunichte.

Als Brautschmaus reichen die Kellner Zuckermandeln und Kuchen mit Limonade. Nur wohlhabende Familien können es sich leisten, in einem Hotel der gehobenen Klasse ein Menü zu bestellen und Alkohol kredenzen zu lassen. Jedoch auch ohne kulinarische Sonderheiten und

ohne die Stimulans von Spirituosen ist man froh gestimmt und genießt die Stunden unbeschwerten Beisammenseins. Die Anspruchslosigkeit ist rührend. Man sucht nicht das lukullische Erlebnis, sondern das Miteinander, die Begegnung, die Nähe des Nächsten. Noch Wochen und Monate spricht man von dem Geschehen.
Nach herrschender Sitte kommt für die Kosten der gesamten Hochzeit die Familie des jungen Mannes auf. In den Städten kann das Verpflichtungsgefühl so weit reichen, dass der Bräutigamvater sogar die Festfrisuren der Frauen beider Familien in das Budget einbezieht. Da die Braut neben der persönlichen Ausstattung ein wertvolles Schmuckstück erwarten darf, ihre Angehörigen mit Großmut bedacht werden, die Bewirtungsausgaben beider Häuser zu Buche schlagen, Fahrtkosten zu decken sind und schließlich die Hochzeitsfeierlichkeiten bezahlt sein wollen, ist die Eheschließung des Sohnes auch dann eine kostspielige Angelegenheit, wenn kein Brautgeld entrichtet wird. Die Folge sind Anleihen bei Freunden oder Verwandten, an deren Tilgung man jahrelang zahlt. Eine Folge dieser Megalomanie ist es aber auch, dass sich söhnereiche Familien die Verheiratung aller männlichen Nachkommen mitunter nicht leisten können.

11.4.6 Die Entführung

Die Töchter leben in strenger Bindung an das Haus, jedoch müssen sie auch außerhäuslichen Beschäftigungen nachgehen. Und welcher Bursche würde nicht einen Blick riskieren, wenn die Frauen in der Gruppe aufs Feld ziehen oder eine dörfliche Schönheit wiegenden Schrittes den Wasserkrug nach Hause balanciert? Junge Herzen sind überall schnell entflammt, Begehren lässt rasche Entschlüsse reifen.
Sind die Eltern mit der Wahl ihres Sohnes einverstanden, ist aus Gründen einer untergeordneten Rolle in der Status-Hierarchie jedoch eine Ablehnung seitens der Familie des Mädchens zu erwarten, so unterstützt man eine Entführung. Die Eltern des Mädchens müssen gute Miene zum bösen Spiel machen, denn hat eine Tochter einmal im Hause eines Jünglings genächtigt, ließe dieser Makel kaum einen weiteren Antrag erwarten.
Lehnen die Eltern eines jungen Mannes andererseits dessen Wahl ab, haben aber Blicke über die Mauer und unauffällige Worte bereits Amors Glut geschürt, so bereitet der angehende Bräutigam zusammen mit Freunden und Verwandten im Einverständnis mit der Auserkorenen

deren Entführung in ein befreundetes Haus vor. Nach derartigem Vorfall sind die Eltern wiederum gezwungen, sich zu einigen. Im Allgemeinen gehen die Eltern der Braut bei einer Entführung des Brautgelds verlustig. Schließlich muss man zufrieden sein, wenn ein Mädchen, das sich in unmittelbarer männlicher Gesellschaft aufhielt, geheiratet wird.

11.4.7 Die Keuschheit

> Sure 5,5 – Und (erlaubt sind euch) keusche Frauen aus den Reihen der Gläubigen und aus den Reihen derer, die vor euch die Schrift empfingen.

Die Religion toleriert Gattinnen aus der Gruppe der Nicht-Rechtgläubigen Juden und Christen, wendet sich aber strikt gegen unkeusche Eheanwärterinnen. Untugend beinhaltet die Wertigkeit eines Sakrilegs. Von klein an bekommen die Töchter aller Bevölkerungsschichten eingehämmert, dass die Virginität das höchste Gut einer Heranwachsenden darstellt, dass Ehre und Ansehen der gesamten Familie an die Rechtschaffenheit der Frauen gebunden sind.

Mögen sich in den Städten manche Familien damit einverstanden erklären, dass ihre verlobten Kinder gemeinsam zu einer Veranstaltung gehen, der junge Mann verpflichtet sich, das Mädchen nach Beendigung von Fest oder Feier ohne Verzug zu Hause abzuliefern.

Auf dem Land sind es die Frauen aus der Umgebung der Braut, die in verschwörerischem Zusammenwirken den Versprochenen ein heimliches Stelldichein ermöglichen. Das Rendezvous wird sich allerdings unter den wachsamen Augen wenigstens einer dieser Frauen abspielen. Nach Einbruch der Dunkelheit geht eine Frau nicht mehr allein aus dem Haus, es sei denn, der Ehemann oder sonst ein Verwandter bleiben in ihrer Nähe. Selbst ein Schuljunge wird als Schutz und Begleiter anerkannt. Wichtig ist, dass sich Mutter, Tochter, Schwester der Schwägerin unter männlicher Obhut befinden.

Darf sich eine Halbwüchsige fernab der Familie einer Schul- oder Berufsausbildung unterziehen oder wird sie in Ausübung ihres Metiers in die Ferne geschickt, so begleiten sie die sorgenden Gedanken ihrer Eltern. Die Anfechtungen sind vielfältig. Kann sie widerstehen, mag sie ihnen erliegen? Als Mahnspruch wird ihr die Mutter im Handgepäck verstauen: „Meine Tochter, denke an deine Ehre, achte darauf, dass du Jungfrau bleibst!"

Die Defloration ist das Recht des angetrauten Mannes. Eine Braut sollte es nicht wagen, mit durchstoßenem Hymen die Ehe anzutreten. Fleiß, Geschicklichkeit, Charme, Schönheit, Klugheit, gutes Herkommen mögen wichtige Eigenschaften in der Skala begehrenswerter Tugenden zu sein, höhere Wertung genießt die Unberührtheit. Ist sie durch voreheliche Beziehung zerstört, so hat der Ehemann das Recht, seine junge Frau am Morgen nach der Hochzeitsnacht zu den Eltern zurückzuschicken. Für die Familie der Braut wäre das eine unbeschreibliche Schmach.

Die Brautnacht ist von hoher Wichtigkeit, ihr Ausgang wird mit Interesse erwartet. Vor allem die älteren Frauen aus der Verwandtschaft des Bräutigams, die die Zeiten ihrer glutvollen Lebensphase in auferlegter Zurückhaltung und tadelfrei längst hinter sich gebracht haben, versammeln sich am ersten Morgen, um die blutbefleckte Bettwäsche zu begutachten. Das Leinentuch öffnet die Schranke für die Aufnahme in die Reihen der ehrbaren Ehefrauen.

Die Eltern der Braut bleiben von Unruhe befangen, bis ihnen das glückliche Ende der ersten Nacht gemeldet wird. Leben sie von der Familie ihres Schwiegersohnes in beträchtlicher Entfernung, so gibt es die ortsübliche Sitte, den Eidam nach erwartungsgemäß verlaufener Vereinigung eine Gewehrsalve in die Luft schießen zu lassen. Der Knall schreckt nicht auf, sondern er beruhigt. Voller Genugtuung kann zur Tagesordnung übergegangen werden.

11.4.8 Das Brautgeld

Die Zahlung des *Brautgeldes* ist eine viel beklagte, jedoch nach wie vor praktizierte Sitte. Die Höhe richtet sich nach den finanziellen Verhältnissen des Bräutigams und nach dem Ansehen der Familie der Braut. Außerdem spielt die Veranlagung des jungen Mädchens eine Rolle. Geschicklichkeit, Fleiß, Anpassungsfähigkeit, der Wille zur Unterordnung und vor allem ihre Unberührtheit werden aufgewogen. Ein liebenswertes Wesen zieht man einem hübschen Gesicht vor. In jedem Fall sollte die Auserkorene aber frei von körperlichen Mängeln sein.

Einen Teil der Gabe erhält die Braut als persönliches Geschenk, vorzugsweise als Schmuck. Die größere Zahlung fließt ihrer Familie zu, der Vater kann darüber verfügen. Mancherorts erhält auch die Mutter einen Obolus als Anerkennung ihrer Bemühungen um die Erziehung ihrer Tochter. Da der Vater des Bräutigams auch für die Unkosten der

Hochzeit aufkommt, gerät das Familienbudget ins Wanken. Sollte wider Erwarten die Ehe scheitern und die junge Frau ins Elternhaus zurückkehren, so kann der Ehemann über eine längeren Zeitraum hinaus nicht an eine Wiederverheiratung denken; denn weder das Brautgeld noch die Geschenke werden rückerstattet in Erfüllung des Koranwortes: „Und es ist euch nicht erlaubt, irgend etwas von dem, was ihr ihnen gegeben habt, zurückzunehmen" (Sure 2,229). Für neue Unkosten kann die Familie nicht geradestehen.

So wird die Abschaffung des Brautgeldes seit Jahren diskutiert, jedoch hält jede Generation immer wieder an der Überlieferung fest.

In städtischen Familien setzt sich eine Lockerung der Überlieferung insofern durch, als die Brautväter die festgelegte Summe nur noch selten in die eigene Tasche stecken. Vielmehr ziehen beide Familien aus, um von dem Geld gemeinsam die notwendigen Möbel für das junge Paar zu erstehen.

Nonchalant wird in westlichen Ländern die Zahlung an den Brautvater oft mit einem „Verkauf der Braut" gleichgesetzt, eine substanzlose Behauptung, die bei den Betroffenen kopfschüttelnde Konsternation hervorruft. Wenn der Vater seine Tochter an den Haushalt des Verlobten abgibt, so verliert er sie just in dem Augenblick, da sie anfangen würde, die von ihr erwarteten Aufgaben mit der Selbstständigkeit der Routine zu erledigen. Der schwiegerelterliche Verband hingegen gewinnt eine Arbeitskraft, der man ohne Bedenken die schweren und wenig angenehmen Tätigkeiten zumuten kann. Vor allem auf dem Land werden etwa 80 Prozent aller Arbeiten von den Frauen erledigt. Sie gebären den Nachwuchs, sind in den ersten Jahren ihrer Ehe mit Schwangerschaften, Stillen und Kinderpflege vollauf beschäftigt, schaffen in Haus und Garten und leisten einen hohen Anteil an Feldarbeit. Einem Vater, der zwar diese Emsigkeit über die Mutter seiner Töchter hat heranbilden lassen, selbst aber nie in den Genuss der Früchte aus diesen Mühen gelangt, dem steht halt eine Ausgleichszahlung zu.

11.4.9 Der Einheiratende

Die Lebenserwartung im Orient und weiteren Teilen Asiens ist nicht sehr hoch, und Frauen bleiben mitunter mit Töchtern allein, noch ehe ein männlicher Erbe geboren werden konnte. So lange die im gleichen Anwesen lebenden Schwiegereltern noch am Leben sind, denkt die junge Witwe kaum an eine Wiederverheiratung. Umso mehr wird sie

beizeiten Ausschau nach einem geeigneten Schwiegersohn halten, der neben zwei kräftigen Armen dem Haus Schutz und Schirm einbringen könnte.
Nun will es die Sitte, dass Mädchen im schwiegerelterlichen Heim Einzug halten; es widerstrebt der männlichen Ehevorstellung, in den Bereich einer Schwiegermutter überzuwechseln. Ist deren Liegenschaft durch Umfang und Einträglichkeit nicht besonders ausgezeichnet, ist die Tochter wenig mit Liebenswürdigkeit und Schönheit gesegnet, so darf sie kaum auf einen Ausbund an männlicher Tugend und Wohlgestaltheit hoffen. Der Schwiegersohn nimmt den Stempel und die abwertende Bezeichnung eines „Eingeheirateten" auf sich, hat mit Hänseleien zu rechnen und weiß im Voraus, dass er im Dorforchester sein Instrument in hinterer Reihe spielen wird. Wer möchte all diese Gegebenheiten bewusst auf sich nehmen?
Jedoch machen Kinder manches vergessen, und fortschreitendes Alter gepaart mit tadelfreiem Lebenswandel nötigen Respekt ab. Die dahingehende Zeit erlöst vom Makel des nur „Eingeheirateten".

11.5 Die junge Frau

Die Braut hält Einzug in ein Haus, in eine Familie, die sei – ausgenommen, sie sei eine Verwandte oder ein Nachbarskind – kaum kennt, unter Menschen, die mehr erwarten als sie selbst zu geben verpflichtet sind. Sie muss sich an die Gepflogenheiten einer Gemeinschaft ebenso wie an die Verhaltensweisen von deren einzelnen Gliedern gewöhnen. Sie wird sich zunächst fremd fühlen und kann sich im eigenen Elternhaus weder Rat noch Trost holen, denn in den ersten Tagen geht sie überhaupt nicht vor die Tür, außerdem wäre es unschicklich, in den ersten Wochen und Monaten Vater, Mutter oder Geschwister aufzusuchen. Eine Sitte, die auf die absolute Lösung von der eigenen Familie und das möglichst rasche Aufgehen im neuen Clan abzielt. Nach angemessener Zeit ergeht eine Einladung an die Brauteltern. Ihr Besuch leitet den freundschaftlichen Umgang zwischen beiden Häusern ein. Von nun an darf auch die junge Frau ihre Angehörigen wieder öfter sehen.
Zunächst genießt sie eine gewisse Zeit der Schonung; sie darf ihre zur Hochzeit empfangenen, neuen Kleider tragen, und man mutet ihr so lange keine schweren Arbeiten zu, wie die Hennaflecken an Händen

und Füßen nicht verblasst sind. Kaum ist jedoch diese Frist abgelaufen, so lädt man ihr all jene unangenehmen Verrichtungen auf, die von den anderen weiblichen Familienmitgliedern ungern erledigt werden.
„Lass es die Braut tun!“, sagt ein geflügeltes Wort. Es drückt all das an Last aus, was körperliche Arbeit enthalten mag. Schließlich hat mit der Schwiegertochter vor allem eine neue Arbeitskraft im Haus Einzug gehalten.
Weit verbreitet, besonders auf dem Land, ist auch heute noch die Schweigezeit der Braut. Mit dem Betreten des Hochzeitshauses verschließt sich der Mund des jungen Mädchens dergestalt, dass sie mit den männlichen Familienmitgliedern, denen sie tunlichst aus dem Wege geht, überhaupt nicht spricht, mit den Frauen nur dann, wenn sie ausdrücklich aufgefordert wird. Zu dieser Zeit trägt die junge Eingeheiratete noch immer den Titel *Braut*.
Die Schweigezeit kann einige Wochen, Monate oder sogar Jahre dauern. Abgekürzt wird sie sicher dann, wenn es der jungen Frau gelingt, bald schwanger zu werden und als erstes Kind einen Jungen zu gebären. Kinder, vor allem Söhne, festigen die Stellung innerhalb der Familie.
Nach Ablauf der üblichen Frist geht der junge Mann zu seiner Mutter, um sie höflich darauf hinzuweisen, dass es wohl an der Zeit sei, seine *Braut* nun langsam als *Frau* anzuerkennen. Die Mutter bespricht sich mit dem Familienvorstand, denn der Abschluss der *Brautzeit* lässt ein Geschenk für die Schwiegertochter erwarten. Vornehmlich überreicht man ihr ein Schmuckstück. Es kann aber auch ein Tier oder – in wohlhabenden Familien – ein Grundstück sein. Anlässlich der Schenkung lässt die Schwiegermutter vernehmen, dass sie von nun ab bereit sei, mit ihrer Schwiegertochter zu „sprechen“. Letztere gilt in die Gemeinschaft als voll aufgenommen.
Westlich geprägten Menschen mag dieser Brauch einen Schrecken einjagen. Die drangvolle Enge, in der Menschen anderer Kulturkreise im Allgemeinen zusammenleben müssen, heischt Einordnung und Unterordnung, Tugenden, die großen Familien ein friedliches Miteinander garantieren können. Die *Brautzeit* ist eine Phase der Anpassung; nach deren Ablauf hat man sich gegenseitig an die Eigenheiten des anderen gewöhnt, mit gutem Willen kann man darauf eingehen und somit lautstarke Auseinandersetzungen vermeiden. Das in westlichen Staaten thematisierte *Generationenproblem* wird umgangen.
In arrivierten, städtischen Familien wird die Schweigezeit nicht mehr praktiziert. Man erwartet im Gegenteil von der jungen Frau neben

guter Schulbildung Charme und angemessene Ausdrucksgewandtheit. Jedoch würde sich eine Schwiegertochter auch in gehobenen Kreisen niemals in den Vordergrund schieben und Älteren etwa ins Wort fallen oder ihnen widersprechen. Sie wird, Zeichen ihrer guten Erziehung, um äußerste Zurückhaltung bemüht sein. Überschäumendes Temperament findet keine Glorifizierung. Man ist höflich, und man bemüht sich im Benehmen um all das, was die Umgebung akzeptieren kann. Ältere Frauen genießen jene Rechte, die sie jungen Frauen voraushaben. Ergrauende Haare verkürzen die Arbeitszeit, verheißen leichtere Tätigkeiten und vermitteln Befehlsgewalt. Die Familienälteste lebt ihr Ansehen bewusst, hat sie sich doch auch über viele Jahre einem anderen Willen beugen müssen.

Trotzdem wird die Schwiegermutter versuchen, zur *Braut* in eine gute Beziehung zu treten; denn würde ihre übermäßige Strenge die junge Frau aus dem Hause jagen, so fiele ein Schatten auf das Ansehen der Familie. Andererseits lässt die Braut manche Träne ungeweint und ist um Anpassung bemüht. Ihre Flucht brächte die eigene Mutter in den Ruf, ihre Tochter nicht zum rechten Gehorsam erzogen zu haben.

11.6 Die Polygamie

Sure 4,3 – Heiratet Frauen, die euch genehm dünken, zwei oder drei oder vier.

Die rauen Gegebenheiten in vorislamischer Zeit verhießen vor allem den Männern ein kurzes Erdendasein. Der Tod des Ernährers vermochte Frauen mit ihren Kindern in tiefe Not zu stürzen, besonders dann, wenn sich keine Verwandten um die Verwaisten kümmern konnten.

Die koranische Aussage, ein gläubiger Muslim habe das Recht, bis zu vier Ehefrauen zu ehelichen, ist deshalb weniger als Konsens zu ausschweifendem Lebenswandel zu betrachten, denn als Möglichkeit, Alleingelassenen zur sozialen Sicherstellung zu verhelfen.

Da der Koran für jede der Angetrauten gleiches Recht hinsichtlich Versorgung, Behandlung und Zuneigung fordert, waren mehrere Gattinnen von jeher ein materielles Problem.

Vornehmlich die Wohlhabenden konnten einen großen *Harem* unterhalten, allen voran die Herrscher, gefolgt von den hohen Staatsdienern und den Großgrundbesitzern. Gelüstete ihnen nach mehr amourösen Verbindungen als den religiös zugestandenen vier Hauptfrauen, so nah-

men sie noch Dienerinnen unter den Baldachin ihres Nachtlagers, von denen man baldmöglich eine Schwangerschaft erwartete. Mit der Geburt eines Kindes hatten sie die Aufnahme im Haushalt und ein Dauerrecht auf Versorgung für sich und ihren Nachwuchs erwirkt.
Für die größtenteils arme Bevölkerung waren es praktische Erwägungen, die mehrere Frauen in einen Familienverband riefen, etwa Invalidität oder Unfruchtbarkeit der ersten Frau, der Wunsch nach Söhnen oder die Absicht, weitere Arbeitskräfte an das Haus zu binden.
In der Türkei beispielsweise wurde inzwischen die Einehe staatlich proklamiert, jede Form von Polygamie verboten. Trotzdem kommt es bis in unsere Tage vor, dass mehrere Frauen unter dem Dach eines einzigen Gatten leben. Eine kinderlose Verbindung kann einen Ehemann dem Gefühl persönlich angetaner Schmach aussetzen, in der Gattin dagegen einen tiefen Schuldkomplex reifen lassen. Bevor die Ehe zum Objekt des Mitleids oder gar des Gespötts wird, vergisst man das staatliche Gesetz zugunsten religiöser Überlieferung, und der Gatte schlägt die Aufnahme einer weiteren Frau in das Hauswesen vor. Eine entsprechende Forderung kann auch dann geäußert werden, wenn es der Gattin trotz zahlreicher Geburten nicht gelingen will, die erhofften Söhne zur Welt zu bringen oder wenn sie – einst in sehr jungen Jahren verheiratet und durch übermäßige Arbeitsanforderung vorzeitig aufgebraucht – ihren Pflichten als Haus- und Ehefrau nicht mehr nachkommen kann. Es mag vorkommen, dass sie ihrem Mann bei der Auswahl eines Mädchens behilflich ist, und zwar weniger aus verzeihungsheischender Demut heraus denn aus praktischen Erwägungen. Schließlich wird sie ja mit der Zweitfrau in Eintracht leben müssen.
Die zweite Eheschließung kann niemals vor dem Standesbeamten stattfinden, sondern wird im Haus des Mannes abgewickelt. Wie einst die erste Gattin erhält auch die neue Braut die Aufmerksamkeiten einer Hochzeiterin. Hilfreiche Hände ziehen ihr ein weißes Brautkleid an und schmücken sie. Familie und Nachbarschaft feiern mit.
Zur Lesung ruft man einen *Imam* oder den *Gemeindeältesten*. In einer kurzen Zeremonie sprechen sie nicht nur Gebete, sondern fragen vor zwei Zeugen die Brautleute, ob sie den Lebensweg gemeinsam gehen wollen. Obwohl eine derartige *Imam*-Trauung vor dem Gesetz ungültig ist, erkennt man im Volk diese Gattinnen an.
Der älteren Frau bleibt die Reputation der Erstangetrauten. Ihr fallen vor dem Gesetz das Erbe und eine etwaige staatliche Altersversorgung zu.

Um den nachfolgenden Kindern den zweifelhaften Status der Unehelichkeit zu ersparen, lässt sie der Vater gerne unter dem Namen seiner legalen Gattin ins Familienstandsregister eintragen.
Bei seinem Ableben ist es für die offizielle Ehefrau eine Selbstverständlichkeit, aus religiös-ehtischen Überlegungen heraus für die Kinder ihres Mannes und deren Mutter fürsorgend aufzukommen. Mit Konkurrenzdenken, Geiz oder Eifersucht würde sie sich der Verachtung ihrer Umgebung aussetzen.
Viele Männer verlassen ihre Dörfer und suchen in den großen Städten eine Verdienstmöglichkeit. Der unsicheren Zukunft wegen lassen sie Frau und Kinder zunächst zurück. Da die Umstände einen raschen Nachzug verwehren, verblasst die Erinnerung an die Familie, der Mann hält Ausschau nach einer Frau zur eigenen Versorgung und zur Befriedigung seiner biologischen Bedürfnisse. Und dort, wo die Berufstätigkeit der Frau noch die Ausnahme darstellt, finden sich immer wieder Mädchen, die sich lieber einem Ehemann als *Kuma* (weitere Ehefrau) antrauen lassen, denn als verblühende Jungfrau im Schoße der Familie zu verharren.
Dass mit dem Zuzug von Arbeitern aus dem Orient nach Europa diese Einstellung zu Missverständnissen führen musste, ist offenkundig. Manch heißblütiger Schnurrbärtige nahm seine blonde Freundin mit in die Heimat, um ihr einmal den Ort seines Herkommens vorzuführen. Für die junge Frau zerstoben die letzten romantischen Hoffnungen auf eine Ehe in dem Augenblick, da sie erkennen musste, dass ihr der Willkommensgruß von der legitimen Ehefrau, umgeben von ihrer Kinderschar, entboten wurde.
Im Falle einer Scheidung wird die rechtmäßige Ehe nach einem Gerichtsverfahren vom Richter getrennt. Für die Nebenfrauen liegt das Scheidungsrecht beim Ehemann. Mit der dreifach ausgestoßenen Formel „Ich scheide mich (von dir)!", kann er eine Ehe, die lediglich vor dem *Imam* geschlossen worden war, wieder auflösen.

11.7 Tod und Bestattung

Geburt und Tod, Anfang und Ende des irdischen Daseins werden nur selten in die Unpersönlichkeit und Sterilität eines Krankenhauses verlegt. Im eigenen Heim bedeuten sie ein Anliegen für die ganze Umgebung.

Naht für einen Angehörigen die Todesstunde, so versammeln sich Verwandte und Freunde um das Sterbelager. Sie sprechen Mut zu und spenden Trost. Bestand zum Sterbenden ein gespanntes Verhältnis, versucht man, sich mit ihm auszusöhnen, ganz gleich, welche Vorfälle bislang eine Rolle gespielt haben mögen. Es ist die Stunde des gegenseitigen Verzeihens.

Bevor der Hinscheidende in Agonie fällt, sollte er noch einmal den Glaubenssatz sprechen. Ist er dazu nicht mehr fähig, erledigt es deutlich und mit vernehmbarer Stimme ein Angehöriger seiner Familie. Mit einem letzten Bekenntnis zu seiner Religion sollten Muslime aus dem Leben gehen.

Wenn der Tod eingetreten ist, bleiben die Anwesenden koranlesend so lange am Sterbebett versammelt, bis man den Geistlichen herbeigerufen hat. Er spricht die Totengebete und schickt sich an, den Verstorbenen – vorausgesetzt, er ist männlichen Geschlechts – mit lauwarmem Wasser zu waschen. Ist eine Frau verschieden, so ruft man die Leichenbestatterin, die den verbindlichen Waschritus beherrscht.

Das Leichentuch, *Kefen* genannt, in das man die Verblichenen einhüllt, ist sieben bis neun Meter lang und darf keine Naht haben. Mancherorts dreht man Männer zweimal, Frauen dreimal in das reine Leinen ein. Unter Umständen will es die Sitte, dass die Wohlhabenheit die Länge des Tuches und damit die Anzahl der Umhüllungen bestimmt.

In heißen Gegenden findet die Beerdigung oft am gleichen Tage statt. Bei günstiger, kühler Witterung bleibt der Tote noch eine letzte Nacht in seinem Heim. Angehörige oder gute Freunde halten die Totenwache und beten an der Bahre.

Für den letzten Weg bettet man den Leichnam in einen Totenschrein, der aber nur in größeren Städten einem Leichenwagen anvertraut wird. Im Allgemeinen treten Männer herzu, heben ihn auf die Schultern und helfen die Last zum Friedhof zu bringen. Wenigstens vierzig Schritt weit sollten sie sich diesem Offizium unterziehen. Die Träger wechseln ständig. Der Handwerker legt seinen Hammer weg; der Briefträger stellt seine Posttasche in eine ruhige Ecke; der Kaufmann lässt vorübergehend den Rolladen seines Geschäfts herunter; sie alle drängen heran und übernehmen für eine kurze Strecke einen Teil der letzten Ehre, in der jeder Mann eine heilige Verpflichtung erkennt.

Ihren Gefühlen erlegen die Begleiter keinen Zwang auf. Sie weinen, sie raufen Bart und Haare, sie schreien laut ihren Kummer in die Welt.

Darüber dürfen sie jedoch nicht versäumen, Koranverse aufzusagen oder auch still zu beten.
Ein Sarg wird nicht in das Grab gesenkt. Da der Mensch von Gott aus Sand geschaffen wurde und wieder zu Sand werden soll, darf es nichts geben, das diesen Prozess verzögern oder verhindern könnte Man legt den Leichnam behutsam ins Grab, das so ausgehoben ist, dass das Gesicht in Richtung *Mekka* sieht. Der Tote wird sogleich mit Erde bedeckt, und wiederum ist es für die umstehenden Männer eine anerkannte Obliegenheit, die Schaufel von Hand zu Hand gehen zu lassen. Abschließend häuft man einen leichten Hügel an. Später wird am Kopfende des Grabes ein Stein mit dem Namen des Beerdigten aufgestellt. Nach dem Begräbnis liest der *Imam* aus dem Koran und spricht noch einmal den Glaubenssatz am Grabe. Dann tritt die Trauergemeinde an die Leidtragenden heran und kondoliert mit den gebräuchlichen Worten: „Ihr Kopf soll gesund sein!" Und „Möge Ihnen Allah Geduld und Gesundheit geben!"
Die Sitte will es, dass die Frauen am Leichenbegräbnis nicht teilnehmen. Sie versammeln sich im Trauerhaus und weinen und jammern und preisen die Vorzüge des oder der Verstorbenen. Die Teilnehmer am Leichenbegräbnis suchen nach der Rückkehr vom Friedhof auch sie auf und sprechen ihnen ihre Anteilnahme aus. Wenigstens für einen Tag bringen die Nachbarn zubereitete Mahlzeiten, damit sich die trauernden Frauen nicht mit alltäglichen Dingen abgeben müssen und sich ganz ihrem Schmerz hingeben können.
Am nächsten Tag besuchen die weiblichen Verwandten das frische Grab, beweinen den Verstorbenen und sprechen ihre Gebete. Das Leinen des Sterbebetts wird gewaschen und an Bedürftige verschenkt. Außerdem spendet man den Armen eine Woche lang Almosen. Über den gleichen Zeitraum hinweg versammeln sich täglich die Hinterbliebenen, lesen im Koran und beten. Nach dieser offiziellen Trauerwoche statten die Verwandten und Bekannten den Hinterbliebenen verstärkt Besuche ab oder bitten sie zu sich. Man versucht, alles zu unternehmen, was Verwitwete und Waisen von ihrem Verlust und Schmerz abzulenken vermag. Ängstlich ist man darauf bedacht, sie nicht dem Alleinsein preiszugeben.

11.8 Mevlid

In der vierzigsten oder zweiundfünfzigsten Nacht nach dem Tod eines Familienmitglieds ruft man die Umgebung zu einer Seelenmesse, *Mevlid* genannt, ins Haus. Man betet für das Seelenheil der Verstorbenen. Ein Geistlicher liest aus dem Koran bestimmte Verse, spricht *Mevlid*-Gebete und rezitiert zum Abschluss die Eingangssure des Heiligen Buches, *Al-Fatiha*.

Trotz des nicht eben fröhlichen Anlasses vergisst man doch die gesellschaftlichen und körperlichen Belange nicht. Wohlhabende Hausherren laden anschließend zu einem Mahl ein, weniger Begüterte bieten Tee und Gebäck an. Wohlbehagen löst die Zunge, lässt die Heimgegangenen mit bedächtig gesetzten Worten loben und mit tiefen Seufzern noch einmal beklagen, um dann zu erbaulichen Gesprächen überzuleiten. In jedem Fall werden nach der Zeremonie Zuckerwaren verteilt, vornehmlich Bonbons in Beutelchen oder in zu spitzen Tütchen gedrehtem Papier. Zum Abschluss versprüht man Rosenwasser in Erinnerung an den Körpergeruch des Propheten Mohammed.

Ursprünglich feierte man ein *Mevlid* zur Verehrung des Propheten in dessen Geburtsnacht. In den Moscheen folgten den Koranrezitationen auch Lesungen mit Gedichten auf die Geburt Mohammeds und zu seinem Lob und Preis. Die *Mevlid*-Nacht gilt bis heute als Heilige Nacht und lässt die Männer das Gotteshaus aufsuchen.

Inzwischen versammeln sich die Gläubigen aus verschiedenen Anlässen zu einem *Mevlid*. Neben der Bedeutung als Seelenmesse gewinnt die Feier Wichtigkeit nach einer glücklichen Geburt, einer opportunen Eheschließung, nach gut überstandener Beschneidung oder nach einer Wallfahrt, die ohne Zwischenfälle verlaufen ist. Bei einer besonderen Bitte an Gott setzen vielfach Frauen als Gelübde diese Anbetung aus. Geht ihr Wunsch in Erfüllung, so lassen sie die Lesungen im Kreis von weiblichen Angehörigen vornehmen.

Es ist nicht unbedingt nötig, einen der Moschee verpflichteten Gottesmann zu rufen. Zu einem *Mevlid* kann jeder Gläubige beitragen, der die arabischen Schriftzeichen lesen und die Suren in arabischer Sprache kunstvoll vortragen kann. Auch lesekundige Glaubensschwestern werden gerne im Kreis von Frauen dazu aufgefordert.

Ähnliche Bedeutung genießt das *Gedächtnis-Gebet*, das an einem Todestag Verwandte und Freunde vereinigt. Man ruft einen *Hafiz* mit besonders guter Rezitationsstimme, der Stellen aus dem Koran,

Gebetshymnen zur Anrufung Gottes und religiöse Lieder vorträgt. Traditionsbewusste Familien bemühen mitunter zwei der Korankundigen, da sie den Deklamationen gemeinsam und im Wechsel mehr Ausdruck verleihen können.

12. Die Hinwendung zum Nächsten

12.1 Gastfreundschaft

Wer den Nächsten nicht besucht, kommt nicht ins Paradies (Hadith).

Muslime sind Gemeinschaftsmenschen. Sie erheben Freud und Leid des Nächsten zur eigenen Angelegenheit und dürfen dafür erwarten, dass man ihnen in trüben wie klaren Tagen beisteht. Schlimme Nachrichten lassen begonnene Arbeiten weglegen; man eilt zu den Betroffenen, um ihnen Hilfe anzubieten und Trost zu spenden. Selbst in den Zimmern von Schwerkranken versammeln sich Verwandte und Bekannte und sitzen in Anteilnahme seufzend und klagend ihre Zeit ab. Hat man Ähnliches nicht schon selbst auch erlebt? Allah hat geholfen, er wird auch dem heute und hier Geschlagenen beistehen.

Ganz gleich, was es zu sagen oder zu beklagen gibt, die Tür steht dem offen, der daran klopft.

Die Verbindlichkeiten der Gastfreundschaft entsprechen der Häufigkeit der Besuche. Man ist zu jeder Zeit auf Besucher eingestellt, und selbst der Maler auf der Leiter kann eine vorbeischauende Freundin nicht daran hindern, in einer ruhigen Ecke einen kleinen Plausch mit der Hausfrau abzuhalten. Die Männer suchen die Gemeinschaft von ihresgleichen meist außer Haus, treffen sich in den Teehäusern und besprechen dort eigene und fremde Angelegenheiten. Für die Frauen wiederum ist das Haus der Treffpunkt, und in vielen Familien der großen und kleinen Städte laden sich Freundinnen allen Alters an einem bestimmten Tag der Woche reihum ein. Sie halten ihren *Empfangstag* ab. Besuchen sich Familien gegenseitig, so genießt man zwar das Essen gemeinsam am Tisch, nach abgeschlossener Mahlzeit setzen sich jedoch die Männer zusammen, und die Frauen kolportieren ihre Probleme in der Küche oder – in großzügiger gebauten Häusern – in einem anderen Raum. Die heranwachsenden Töchter der Gastgeber helfen beim Auf- und Abtragen und sind gehalten, sich um die kleineren Kinder, auch die der Gäste, zu kümmern. Bei allem Stolz auf seinen Nachwuchs macht man jedoch nicht übermäßig viel Aufhebens von den Jüngsten. Sie werden, vor allem die Mädchen, von klein auf daran gewöhnt, still zu sitzen und den Unterhaltungen der Erwachsenen zu lauschen.

Die Hausfrau, besonders die noch junge, serviert liebenswürdig, mit niedergeschlagenen Augen und möglichst lautlos. In den meisten Familien will es bis heute die Sitte, dass sie nicht an der Tafel Platz nimmt, sondern während der Mahlzeit nur für das Wohl ihrer Gäste sorgt.

Gruppiert sich die Gesellschaft zum Gespräch auf Sesseln, Stühlen oder kelimbedeckten, niedrigen Bänken, auf Hockern oder Kissen, so ist die Frau des Hauses immer bestrebt, in der Nähe der Tür und dort auf der bescheidensten Sitzgelegenheit Platz zu nehmen. Sie ist sprungbereit, wenn es gilt, für den Gast etwas herbeizutragen, und demonstriert in Bescheidenheit, dass ihr das Behagen der Besucher über alles geht.

Auf Eintretende stürzt man nicht mit ausgestreckten Händen zu. Hausfrau oder Hausherr bitten sie höflich ins „Gastzimmer", in jenen großen Raum, der oft am sorgfältigsten ausgestattet und nicht unbedingt als Aufenthaltsraum für die Familie genutzt wird. Den Gästen lässt man Zeit, sich im fremden Haus zurechtzufinden. Langsam stellen sich die Familienmitglieder ein. Die Frauen küssen einander leicht auf beide Wangen, auch verwandte oder gut befreundete Männer umarmen und küssen sich, vor allem dann, wenn sie sich über längere Zeit nicht hatten sehen können. Haben sich die Besucher niedergelassen, so reichen ihnen die Gastgeber die Hand und entbieten ein herzliches „Willkommen". Ohne Ansehen des Geschlechts schicken sich die Kinder und Jugendlichen zum Handkuss an. Sie drücken ihre Lippen auf den Handrücken der dargereichten Rechten und legen diesen kurz an die Stirn. Ohne Aufsehen oder Gerede setzen sie sich dann nieder.

Nun verlangt es die Sitte, jeden nach seinem Befinden zu fragen. Nach der Versicherung eines jeden Einzelnen, dass er zufrieden sei, erkundigt der sich seinerseits mit der Formel „Wie geht es Ihnen?" nach dem Wohlergehen seines Gegenübers. In das Befragungszeremoniell bezieht man abwesende Angehörige oder Freunde ein, entschuldigt eventuell ihr Fernbleiben und entbietet alle Grüße, die aufgetragen wurden. Es wäre eine Verfehlung, das zu unterlassen; denn der Grüßende sucht die Verbindung über Dritte in bester Absicht. Er folgt Gottes Gebot zur Knüpfung mitmenschlicher Beziehungen. Bewusst oder aus Nachlässigkeit nicht überbrachte Empfehlungen gelten als Sünde vor Gott.

Hatten die Ankömmlinge einen weiten Weg? Ist es draußen heiß? Eine Erfrischung tut immer gut. So reicht man vor den Gaumenfreuden Eau de Cologne, vorzugsweise mit dem Duft von Zitronen, aber auch dem

von Rosen, Lavendel, Kiefern oder Tabak. Aus der Flasche oder beim Kristallflakon träufelt man etwas Flüssigkeit in die hohle Hand. Die Gäste verteilen sie über beide Hände und netzen damit die Schläfe. Tief atmen sie den belebenden Wohlgeruch ein.
Für das leibliche Wohl sorgt die Hausfrau in bestmöglicher Weise. Kommen unerwartete Gäste, so bietet man ihnen an, „was das Haus hat", sicher ein Glas Tee, kräftig, dunkel und süß. In Schalen warten Fruchtbonbons, Zuckermandeln, Haselnuss- und Pinienkerne, geröstete Kichererbsen, vielleicht auch Sonnenblumen- und Kürbiskerne. Hat die Hausfrau hoch einen Rest einer der schweren, mit viel Zucker angereicherten Süßspeisen, so verteilt sie davon großzügig und lässt sich ob ihrer Kochkünste loben.
Wer zu einer Mahlzeit eingeladen wird, darf eine reich gedeckte Tafel erwarten. Jedoch folgt der Begrüßungs- und Erfrischungszeremonie nicht etwa gleich die Suppe. Nach einem geflügelten Wort „jagt das Essen die Gäste aus dem Haus". In Muße bespricht man deshalb zunächst die Familien- und Tagesneuigkeiten, um sich dann in froher Erwartung an Tisch oder – in ländlichen Gegenden – an tief aufgebockter Messing- oder Kupferplatte niederzulassen. Die einzelnen Speisen werden nicht ungeduldig hineingeschlungen. Man isst mit Genuss und manierlich. Da die linke Hand als die „unreine" gilt, schneidet man die Speisen, legt das Messer weg und gabelt mit der Rechten. Je nach Gegend und hausfraulicher Kunstfertigkeit sind Suppen, Fleischgerichte, in Öl oder mit Füllung gekochte Gemüse, Salate, Reis und Süßspeisen zu erwarten. Den Abschluss bilden vollreife Obstsorten und ein Tässchen Kaffee. Für Gäste lebt man einmal etwas über seine Verhältnisse.
Wohnt man fernab der Hauptreisewege und es erscheint eines Tages ein Gast, mag er bekannt sein oder fremd, so schlachtet man ein wertvolles Huhn, vielleicht sogar ein Lamm, auch dann, wenn derartige Zubereitungen sonst den hohen Feiertagen vorbehalten bleiben.
Steht ein Landsmann auf der Leiter und erntet Obst, pflückt er Tomaten oder schneidet auf dem Feld Gurken und Tomaten ab, er wird es als Selbstverständlichkeit ansehen, einem Vorüberziehenden von dem gottgegebenen Segen anzubieten. Der Beschenkte weiß die Geste zu schätzen, nimmt die Gabe an und dankt geziemend. Er würde nicht ablehnen, denn das bedeutete eine Beleidigung dem gutwillig Großzügigen gegenüber.
Ist das Familienbudget gering, so bewirtet man seine Besucher im Rah-

men der Möglichkeiten. Fladenbrot und ein Glas Ayran werden mit der gleichen Anmut vorgesetzt wie mit Raffinesse zubereitete Köstlichkeiten. Niemand würde deshalb Affekte aufstauen; Armut ist keine Schande. „Gott hat's gegeben", der Gastgeber beugt sich seiner Fügung. Die Gastfreundschaft beschränkt sich nicht auf gedeckte Tische und teilnehmende Gespräche; auch zur Übernachtung ist jederzeit jedermann willkommen. Es muss nicht unbedingt eine Bettstatt sein, die den Schlafenden aufnimmt. Ein Lager aus Matratzen ist schnell bereitet, und Wolldecken als Wärmeschutz sind flugs mit reinem Leinen eingeschlagen. Ohne Bonus sind die Ankömmlinge als Gäste gleichberechtigt. Manch ein von langer Fahrt Ermüdeter streckte sich am Abend in einem Raum allein auf seiner Liegestatt aus und erwachte am Morgen in Gesellschaft weiterer Gäste. Eines Gastes wird man auch nicht überdrüssig. Schmunzelnd erzählt man sich jene Fälle, da ein Freund oder Verwandter mit kleinem Handgepäck zu einer kurzen Visite anreiste, um nach Monaten fast zur Familie zu gehören.
Übertrieben genierliches Gespreize des „Keine-Umstände-machen-Wollens" registrieren Familienvorstände mit Befremden. Der Ausruf „Sie geben mir ja gar keine Möglichkeit, Ihnen meine Gastfreundschaft zu erweisen!" zeigt nicht nur Unverständnis und Enttäuschung, sondern lässt das Gefühl des Zurückgewiesenwerdens durchblicken.
Gastfreundschaft wird mit Noblesse und aus ganzer Seele angeboten. Die damit Bedachten sollten sie dankbaren Herzens und dankbaren Wortes akzeptieren.

12.2 Arbeit in Gemeinsamkeit

Sure 3,100 – Und seht zu, dass unter euch eine Gemeinschaft von Menschen sei.

Die Hinwendung zum Nächsten ist dem Islam als Maxime immanent. Nicht nur die Erfüllung religiöser Pflichten schafft die Verbindung zum Mitmenschen, nicht nur freud- und leidvolle Ereignisse versammeln Familien und Sippen, Dörfer und Stadtteile; vor allem sind es Arbeit und Alltag, die sich an die vereinten Kräfte wenden. Nach Familie und Sippe stehen die Nachbarn den Gläubigen am nächsten. Nachbarschaftshilfe ist deshalb mehr als eine Pflicht, sie ist eine heilige Selbstverständlichkeit.
In ländlichen Gegenden führen zwar die Männer mit ihren Tieren oder dem Traktor den Pflug allein über den Acker und säen einzeln das Saat-

gut. Färben sich jedoch die Halme goldbraun, so versammeln sie sich zur Ernte. Je nach Reifegrad des Getreides hilft man sich von Feld zu Feld beim Schneiden und Dreschen, beim Binden und Aufladen. Brechen Naturkatastrophen wie Hochwasser, Erdrutsch oder Erdbeben herein, so suchen kräftige Arme zu retten, was da zu retten ist. Feuer erstickt man gemeinsam, und der Wiederaufbau ist ein Anliegen für jedermann. In der Gruppe bessern die Männer Wege und Brücken aus oder legen Rohre für Wasserleitungen. Sie roden Gestrüpphalden, sie bekämpfen Schädlinge und legen sich gegen wilde Tiere auf die Lauer. Die körperlich schweren Arbeiten sind männliche Domäne.
Nach getanem Werk sehen sie sich zu erholsamem Beisammensein im Café oder in der Dorfstube wieder. Auch die Freizeit gehört den Männern der Umgebung.
Die Frauen bleiben der maskulinen Gruppe fern. Sie würden bestenfalls unter den Angehörigen der eigenen Familie geduldet. Jedoch treffen auch sie sich während des ganzen Jahres zu Gemeinschaftsarbeiten.
Im Frühjahr, wenn die Tiere die schützenden Stallungen verlassen haben, schaffen sie den Dung ins Freie, pressen ihn in breite Reifen, stampfen ihn mit fast tänzerischen Schritten fest und lösen ihn dann aus der Form. Getrocknet dienen diese Fladen in baumarmen Gegenden als Heizmaterial.
Bevor Aussaat und Pflanzung beginnen, bewegen sich die Mädchen und jungen Frauen in weiten Reihen gebückt über die Felder und klauben Steine auf. Später wenden sie das Heu und rechen es auf Haufen. Sie hacken die Feldfrüchte und ernten Gemüse, pflücken Obst von den Bäumen und schneiden Trauben von der Rebe. Aprikosen und Äpfel teilen sie in Spalten und breiten sie, genau wie Weinbeeren, in der Sonne aus, um dann die gedörrten Früchte wieder einzusammeln und für den Winter zu verwahren.
Arbeiten die Frauen fernab vom Dorf, so begleitet sie ein älterer Mann, der als Schutzpatron die Emsigkeit vom Feldrand aus überwacht.
In der Sozietät wäscht man die Schafwolle und kämmt sie, damit sie später dem Teppichweben oder der Knüpfarbeit dienen mag.
Besonders Notfälle lassen spontan zusammengreifen, Krankheit und Tod rufen Solidarität auf den Plan: Das Vieh wird versorgt, die Feldarbeit erledigt, der Garten gejätet, das Essen gekocht und das Brot gebacken. Hilfe ist ein Teil des Lebens, niemand würde an einen Lohn denken.
Mürrische Gesichter entdeckt man bei all diesen Unternehmungen kaum. Drohen bei gleichförmigen Tätigkeiten die Kräfte zu erlahmen,

so stimmen die Frauen, sich selbst zur Freude und zur Ermunterung, Lieder an. Häufig sind es Volksweisen, die über Generationen hinweg weitergegeben wurden, und deren Urheber längst niemand mehr kennt. Sie besingen Liebe und Sehnsucht, Mitleid und Schmerz. Sie wagen auch kecke Anzüglichkeiten, offenen Spott und deftige Verwünschungen.

Ist das Pensum eines Tages geschafft, so läuft die Gruppe nicht einfach auseinander. Eine Ruhepause zum Ausklang ist wohlverdient. Häufig steht in jenem Haus, für das man sich bemüht hat, ein Imbiss bereit. Haben sich die Arbeiterinnen gestärkt, so erklingen noch einmal Gesänge, die jüngeren formieren sich zum Volkstanz, die älteren klatschen den Takt dazu.

Die Frauen fühlen sich unter ihresgleichen wohl. Sie geben sich unbefangen; das gelöste Beisammensein vermittelt ihnen Sicherheit und lässt das beruhigende Gefühl des Geborgenseins erstarken

12.3 Dorfstube und Café

Muslime suchen die Nähe des Mitmenschen. Die Versammlungsorte liegen für die Frauen in den Häusern, für die Männer außer Haus in Cafés oder Dorfstuben.

In den meisten Stadtteilen und in vielen Dörfern betreiben Wirte in privater Regie die gerne aufgesuchten Kaffeehäuser. Einst wurde dort schwarzer Kaffee, über offenem Feuer aufgekocht, in zierlichen Tässchen serviert. Inzwischen schlürft man auch aus kleinen, dünnwandigen Gläsern dunklen, süßen Tee.

Findet sich in einem kleinen Ort niemand, der die Mühen eines Gastwirts auf sich nehmen möchte, so sorgt der *Muhtar* (Gemeindevorsteher) dafür, dass eine Dorfstube eingerichtet wird. Sie ist allen Bewohnern zugänglich und arbeitet ohne Gewinn.

Dorfstube und Café sind Mittelpunkte im Gemeindeleben. Nach des Tages Arbeit ruhen sich die Männer dort aus. Sie diskutieren Vorkommnisse und letzte Nachrichten und konzentrieren sich auf *Kartenspiel* oder *Tavla* (Tricktrackspiel). Sie meditieren selbstvergessen über einer Wasserpfeife oder starren entrückt auf den Fernseher.

Gemeinschaftsvorhaben werden dort angesprochen, geplant und die Arbeitsabschnitte schließlich verteilt. Wird von einem Bach oder einem Fluss zur Bewässerung in einfachen Gräben Wasser in die Felder

geleitet, so erfahren die Beteiligten, an welchem Tag sich die Schleusen für ihren Grund öffnen. Sollten eine Moschee oder eine Schule ausgebessert oder neu errichtet werden, so fasst man über einem Glas Tee den gemeinsamen Beschluss. Die Sitzordnung folgt der Altershierarchie. Betritt ein Dorfältester den Raum, so erheben sich die Jüngeren zum Gruß. Sie bleiben stehen, bis der Angekommene einen Platz ausgewählt und sich niedergelassen hat. Schweigend verharren sie, bis er sich nach dem Befinden der Anwesenden erkundigt hat und nun seinerseits eine Unterhaltung beginnt.
Wenn sich ein Fremder in eine Siedlung verirrt, so sucht er die Dorfstube auf. Er kommt mit den Einheimischen ins Gespräch und wird von einem der Anwesenden im Verlauf des Abends als Gast in dessen Haus eingeladen.
Frauen gehen niemals in ein Café; sie wagen sich kaum in die Nähe. Führt sie ihr Weg doch daran vorbei, so schlagen sie die Augen nieder. Lediglich ältere, resolute Witwen scheren sich keinen Deut um Bärte und mischen sich dann unter die Männer, wenn sie meinen, ein wichtiges Anliegen vorbringen zu müssen. Sie machen auf Familien in Notsituationen aufmerksam und haben den Mut, für Mittellose um Geld zu bitten und zu sammeln. Ist ein gemeinsames Vorhaben ihrer Meinung nach falsch geplant oder wird die Verwirklichung nicht rasch genug vorangetrieben, so sagen sie ihre Meinung. Und so sehr man sich den jüngeren Frauen überlegen fühlt, so eifrig wird man nun der älteren Entgegenkommen und Ehre erweisen. Den Worten einer Matrone schenkt man Gehör; der Stellenwert ihrer Stimme erreicht den eines männlichen Votums.
Für die Gemeinde und die Gemeinschaft sind diese gastlichen Räume wichtig. Trotzdem kann man nicht umhin, ihre Nachteile aufzuführen. Manche Männer gewöhnen sich allzu vorbehaltlos an die dort vorherrschende geruhsame, träge Atmosphäre. Sie verbringen vor ihrem Teeglas mehr Stunden als ihre Pflichten zulassen und vergessen ihre Arbeit. Sind sie des Tages zeitgebunden ihrem Beruf verpflichtet, so dehnen sie ihren Aufenthalt bis weit in die Nacht aus und verkürzen die dringend gebotene Ruhephase. Die davon herrührende Gereiztheit ist einem harmonischen Familienleben kaum förderlich.
Bei den Gesprächen beschränkt man sich nicht auf allgemein interessierende, objektive Themen. Ungemach und vermeintliches Fehlverhalten des Nächsten lieferten noch zu allen Zeiten Gesprächsstoff, und selbst wenn man sich mit dem Anstrich würdigen Gebarens nur auf

Andeutungen beschränkt, geraten doch Nachbarn und Freunde in die Lästermühle der Versammelten. Die Folge können Auseinandersetzungen sein, und gar manche Fehde begann in einem Kaffeehaus.
Es sei noch auf die Glücksspiele hingewiesen. Obwohl sie der Heilige Koran strikt verbietet und sich Gläubige davon absolut distanzieren, schwingen doch immer wieder Männer die Karten. Schulden, Hader und Unglück belasten nicht nur den Verlierer, sondern auch seine Angehörigen.

13. Die Rechte des Nächsten

13.1 Das Recht auf Freiheit

Der Mensch wird in die Gemeinschaft hineingeboren. Da mit fortschreitender Zivilisation die Arbeitsteilung differenzierter wird, ist der Einzelne auf einen immer größeren Kreis von für ihn Arbeitenden, ihm Hilfe Gebenden angewiesen. Innerhalb dieser Gesellschaft haben sich Muslime so zu verhalten, dass sie den anderen zwar in allen Lebenslagen beistehen, dabei aber streng darauf achten, dass sie die Sphäre des Nächsten nicht antasten. Von Gott sind alle unterschiedslos in die Welt gesandt; in ihrem Denken sind alle frei. In ihrem Tun haben sie sich jedoch auch an den Rechten der Mitmenschen zu orientieren. Wirklich frei ist nur der, der die Freiheitsgrenze des anderen achtet. Eine Verwirklichung dieser Maxime könnte friedliche Koexistenz garantieren.

> Sure 5,2 – Und helfet einander in Rechtschaffenheit und Frömmigkeit; doch helfet einander nicht in Sünde und Feinschaft.

Das Recht auf Freiheit schließt – ohne Ansehen von Rasse, Sprache oder Religion – eine Versklavung aus.

13.2 Das Recht auf Leben

Das Leben ist von Gott gegeben und darf deshalb von Menschenhand nicht vernichtet werden. Selbstmord, Mord und Abtreibung sind verboten:

> Sure 4,93 – Und wer einen Gläubigen vorsätzlich tötet, dessen Lohn ist die Hölle, worin er bleiben soll. Allah wird ihm zürnen und ihn verfluchen und ihm schwere Strafe bereiten.

Lediglich zum Schutz des eigenen Lebens kann die Selbstverteidigung auf Kosten eines anderen gehen. Im Übrigen aber ist die Erhaltung des Lebens eine klare Forderung:

> Sure 5,32 – Wenn jemand einen Menschen tötet, so soll es sein, als hätte er die ganze Menschheit getötet; und wenn jemand einem Menschen das Leben erhält, so soll es sein, als hätte er der ganzen Menschheit das Leben erhalten.

13.3 Das Recht auf Ehre und Würde

Wie jeder darauf sehen sollte, dass er seine Selbstachtung nicht verliert, dass er sich in allen seinen Handlungsweisen gottwohlgefällig verhält und dadurch in Ehren auch vor sich selbst bestehen kann, so sollte er auch seinem Mitbruder/seiner Mitschwester gegenüber jegliche Art von Affront vermeiden. Beleidigungen, heftige oder grobe Worte seien unterdrückt; man hüte sich davor, andere herabzusetzen, zu verleumden oder ins Gerede zu bringen. Da es in der Natur des Menschen liegt, mitunter Fehler zu begehen, steht es einem Muslim besser an, des anderen Fehlverhalten nicht etwa unter den Leuten auszubreiten, sondern mit der eigenen Großmut zuzudecken.

13.4 Das Recht auf Toleranz

Menschen haben charakterliche Stärken und Schwächen, zeigen gute und weniger gute Eigenschaften, sind in ihrer äußeren und inneren Erscheinung stark abweichend – und müssen doch alle miteinander auskommen. Ohne Nachsicht gegenüber des Nächsten Denkweise, Verhalten und Religion kann dieses Zusammenleben nicht funktionieren. Die Andersartigkeit ist schließlich göttlicher Wille, dem sich die Gläubigen zu beugen haben. Selbst andere Glaubensrichtungen sind von Gott bestimmt; wie könnte sie der Mensch nicht tolerieren wollen?

> Sure 6,107 – Und hätte Allah Seinen Willen erzwungen, sie hätten Gott keine Götter zur Seite gesetzt… Und schmähet nicht die, welche sie statt Allah anrufen.

Kommt es trotz allem zu bloßstellenden Verletzungen, so darf nach koranischer Aussage der also Geschädigte mit gleicher Münze heimzahlen, denn „kein Tadel trifft jene, die sich verteidigen, nachdem ihnen Unrecht widerfuhr" (Sure 42,41). Allerdings steht die Bereitschaft zur Vergebung hoch über dem Sühnebegehren:

> Sure 42,40 – Die Vergeltung für eine Schädigung soll eine Schädigung in gleichem Ausmaß sein; wer aber vergibt und Besserung bewirkt, dessen Lohn ist sicher bei Allah.

Lässt sich eine Zurechtweisung nicht vermeiden, so gehe sie ohne Beisein Dritter in gemäßigter Weise und mit vorsichtiger Wahl des Ausdrucks vor sich; sie sollte die Konfliktlösung zum Ziel haben und darüber hinaus möglichst in der Versöhnung enden:

Sure 2,263 – Ein gütiges Wort und Verzeihung sind besser als ein Almosen.

Der Mensch sollte mit zunehmender Reife jene Großherzigkeit, jene Fähigkeit zur Güte erlangen, die den Mitmenschen mit seinen Charakteristika gewähren lässt. Gott wird es anerkennen. Der Prophet meint dazu: „Wer die Fehler des anderen zudeckt, dessen Fehler werden von Gott beim Jüngsten Gericht zugedeckt werden." Eigens betont werden muss wohl nicht, dass die Toleranzempfehlung dort endet, wo Leben und Gut eines anderen in Gefahr geraten, etwa bei Mord, Totschlag, Diebstahl, Lüge und Landesverrat.

13.5 Das Recht auf Eigentum

Die Gläubigen sind Brüder und Schwestern. Aber Bruderschaft bzw. Schwesternschaft sei nicht mit Uniformierung im Denken und Streben gleichgesetzt. Anlagen und Fähigkeiten sind jene persönliche Mitgift, die auszubilden und zu erweitern der Mensch aufgerufen ist. Gottes Gebot enthält keinerlei Hinweise, die unseren Verstand verkümmern, unsere Talente vergeuden hießen; es enthält kein Aufrufe zur Selbstaufgabe in der Askese. Dem Menschen ist das Recht auf Erfüllung seiner natürlichen Bedürfnisse genauso zugesprochen wie das Recht, seinen im Rahmen bleibenden Tendenzen nachzugeben. Auch der Erwerb von Eigentum steht jedem frei. Bedingung ist lediglich, dass die Bereicherung nicht in unsittlicher Weise geschieht, etwa über die unkontrollierte Ausnutzung menschlicher Arbeitskraft. Die Anstrengungen zur legitimen Besitzmehrung sind dazu angetan, den Arbeitswillen zu stärken, eigene Kräfte gezielt einzusetzen und jenes Hochgefühl zu erleben, das der Erfolg vermittelt. Fleiß gibt der Stumpfheit keine Chance; der Fortschritt der Völker hängt vom Einsatz seiner Zugehörigkeit ab. Über seine Habe kann der Eigner frei verfügen. Es steht ihm zu, unter Ausschöpfung seiner Möglichkeiten sich und seine Familie mit allen käuflichen Annehmlichkeiten auszustatten. Steigender Reichtum sollte ihn allerdings veranlassen, über das rituelle Almosengeben hinaus der Armen zu gedenken. Dafür ist ihm göttlicher Lohn verheißen, denn „Mildtätigkeit wird von Gott um ein Vielfaches gemehrt werden" (Sure 57,18). Freigebigkeit vermag das soziale Gefälle innerhalb eines Gemeinwesens zu mildern, der Reüssierende mag seine Großzügigkeit zum Segen der Allgemeinheit einsetzen. Die Anerkennung ist ihm sicher:

Sure 64,16 – Und wer vor seiner eigenen Habsucht bewahrt ist – das sind die, denen es wohl ergehen soll.

Bei allem Streben nach Geld und Gut darf der Wohlhabende nie vergessen, dass das irdische Leben nur einen kurzen Abschnitt in seiner Existenz ausmacht:

Sure 8,67 – Ihr wollt die Güter dieser Welt, Allah aber will für euch das Jenseits.

Unausgewogenheit beim Erwerb von Gütern kann in Besitzgier ausarten, eine verabscheuungswürdige Eigenschaft, die genauso verurteilt wird wie der Geiz:

Sure 47,38 – Siehe, ihr seid diejenigen, die berufen sind, in Allahs Weg zu spenden; doch unter euch sind manche, die geizig sind. Und wer geizig ist, der geizt nur gegen sich selber.

Den Gläubigen sollte es gelingen, ihre irdischen Intentionen mit den Geboten der Großherzigkeit harmonisch in Einklang zu bringen.

14. Sprache und Sprechen

14.1 Die Bedeutung des Sprechens

Die Fähigkeit des Sprechens sei als besonderer Gnadenerweis Gottes an die Menschen erachtet, da sie die Möglichkeit jener Kommunikation vermittelt, die über Mimik und Gestik hinausgeht. Viele Probleme werden mit Hilfe der Sprache gelöst, Gedanken und Gefühle über die Sprache mitgeteilt. Allerdings kann dieses Geschenk des Schöpfers auch negativ eingesetzt werden. Ätzende Worte, Verzerrung von Sinn und Ton reißen mitunter tiefe Gräben der Abneigung auf. Deshalb misst der Islam Sprechen und Sprache eine große Bedeutung bei, und muslimische Kinder lernen bei ihrer religiösen Unterweisung einen Katalog von Regeln, deren Einzelheiten aus sporadischen Koranhinweisen zusammengesetzt sind:

1. Fall dem anderen nicht ins Wort!
2. Sprich mit dem Gesprächspartner niveau- und altersgerecht!
3. Halte dich sowohl von übertriebenem Lob als auch übermäßiger Abwertung zurück!
4. Sprich, wenn es die Situation nicht unbedingt erfordert, nicht allzu laut!
5. Spotte nicht, gib keine Spitznamen!
6. Sprich nicht plump geradeheraus, sondern überlege, auf wen deine Worte treffen!
7. Sei nicht geschwätzig!
8. Gib dich durch vorgetäuschtes Wissen nicht der Lächerlichkeit preis!
9. Gebrauche keine hässlichen oder boshaften Worte!
10. Erzähle Geheimnisse nicht weiter!
11. Vermeide Eidleistungen!
12. Behaupte keine Dinge, die Menschen nicht tun würden oder tun könnten!
13. Verkünde nicht die Fehler des Nächsten!
14. Nimm Abstand von den schlechten Angewohnheiten anderer (Lügen, Klatsch, Verleumdung)!
15. Vermeide unschöne Diskussionen!

Der Prophet brachte mit einem treffenden Ausspruch den gesamten Bereich verbalen Verhaltens auf einen einfachen Nenner: „Sag Gutes oder schweige!"

14.2 Höflichkeit

Die gegenseitige Anerkennung über Liebe und Ehrerbietung ist eine Forderung des Islam. Zur Erreichung dieses Zieles kann der Mensch manche Verhaltensweisen einsetzen; sicher aber ist für die Befolgung der religiösen Aufforderung die Sprache das geeignetste Mittel. Wohlgesetzte, freundliche Worte, höfliche Antworten auf berechtigte Fragen, liebenswürdiges Eingehen auf die Formulierungen des Gesprächspartners erfreuen den Mitmenschen sicher genauso, wie ein ermunterndes Lächeln. Die Zunge sollte in der Art Wohlerzogener aktiv werden; sie sollte vermeiden, mit ihren Aktionen die Würde und die Ehrbarkeit des Nächsten anzutasten.
Vornehmlich Älteren gegenüber übt man Zurückhaltung; ihnen zu widersprechen gilt als unschicklich. Witzigkeit und Ironie auf Kosten weniger gewandter Menschen ruft Betroffenheit hervor. Echte Muslime wollen nicht Recht haben, sondern Recht geben.
Heranwachsende Mädchen werden von klein an in ihrer Sprechweise zur Femininität erzogen, sie werden dazu angehalten, sich bei geziemender Wortwahl mit leiser, hoher Stimme zu äußern. Dass sie verstummen, wenn männliche Organe ertönen, ist ein nicht zu diskutierendes Selbstverständnis.
Konversationsrunden im islamischen Sinne sind wohltuende, erfreuliche Erlebnisse. Dem Sprechenden wird gelauscht, man lässt ihn ausreden; Meinungsgegensätze werden nach vorausgehender Entschuldigung ruhig vorgebracht. Humor ist erwünscht, es darf auch gelacht werden. Verletzende Spitzen allerdings bleiben ohne Echo, plumpes Übertrumpfenwollen erzeugt Unverständnis. Man verhält sich im Sinne des Propheten: „Wer dem anderen weder mit Worten noch mit Taten schadet, ist ein echter Muslim."

14.3 Wahrhaftigkeit

Die oberste islamische Grundlage, der Glaube an Gott, sollte als nächstwichtige Verpflichtung die Wahrhaftigkeit im Gefolge haben: Wahrhaftigkeit des Herzens, des Wortes und der Arbeit. Nichts ist schwieriger im Leben, als in allen Situationen ehrlich zu sein; jedoch der Weg zu Recht und Gerechtigkeit führt nur über die Redlichkeit. Der Prophet blickt über das Erdengebaren hinaus: „Rede die Wahrheit, mag sie auch bitter sein. Die Wahrheit führt zur Güte, und die Güte führt zum Paradies."

Der Mensch erforsche sein Gewissen. Stehen sein Denken und Handeln im Einklang, spricht er offen das aus, was sein Herz bewegt? Jene, die ihre psychischen und physischen Aktionen im Sinne des Guten zu koordinieren vermögen, genießen ob ihrer Ausgeglichenheit und Lauterkeit das Ansehen ihrer Umgebung. Wahrhaftigkeit ist nicht zu trennen vom Dienst an Gott, vom Glauben:

Sure 33,70 – O die ihr glaubt! Fürchtet Allah und redet das rechte Wort.

Wahrheit ist vor allem auch bei Zeugenaussagen zu erwarten, Aufrichtigkeit im Hinblick auf das Rechtswesen erfährt Belohnung. Ehrliche Zeugen dürfen sicher sein, dass sie im Jenseits „hoch geehrt" werden als Gläubige, „die aufrichtig sind in ihrem Zeugnis" (Sure 70,33).

Muslimischem Wort sollte man auch ohne Eidesleistung vertrauen können. Wird doch geschworen, so steht ein Wortbruch jenseits aller Überlegungen:

Sure 16,91 – Brecht nicht die Eide, nachdem ihr sie bekräftigt, so ihr doch Allah zum Bürgen für euch gemacht habt.

Entsprechend ist auch die Gerechtigkeit eine hoch gelobte, positive Eigenschaft der Muslime. Sie haben die Verpflichtung, gegen Ungerechtigkeit anzugehen:

Sure 5,8 – Seid gerecht!

14.4 Lüge

Unzuverlässigkeit in der Aussage birgt die Lüge. Wo fabuliert wird, gerät das gegenseitige Vertrauen ins Wanken. Lügen können Freunde nicht nur trennen, sondern zu Feinden machen. Die Religion verbietet Unwahrheiten und fordert, „die Großen nicht zu belügen, die Kleinen nicht zu betrügen". Ein Hadith formuliert: „Meidet die Lüge, denn Lüge und Glaube lassen sich nicht vereinbaren! Lügner sind keine wahren Gläubigen."

14.5 Üble Nachrede

Groß sind die Schäden, die eine ungezügelte Zunge verursachen kann. Sie sind oft irreparabel, für den Betroffenen in jedem Fall ungemein schmerzlich. So ist es nicht zu entschuldigen, sich über Mängel oder Fehler der Mitbrüder und Mitschwestern in Wort und Schrift Dritten gegenüber auszulassen. Menschen, die sich zu Diffamierungen hinreißen lassen, werden kaum von edlen Motiven geleitet. Ihre Beweggründe mögen in der perversen Genugtuung bestehen, andere herabzusetzen oder sich mit der Aura der Überlegenheit zu umhüllen. Vielleicht versuchen sie, mit üblen Nachreden von der eigenen Unzulänglichkeit abzulenken; möglich auch, dass sie durch billiges Geschwätz die eigene Person ins rechte Licht rücken wollen. Die Anlässe mögen vielfältig sein, die Handlung bleibt immer gleich verurteilenswert. Ehrenwerte Menschen machen hinter dem Rücken eines Abwesenden niemals Bemerkungen, die sie ihm nicht auch ins Gesicht sagen könnten. Es ist unfair, über jemanden abfällig zu urteilen, der sich nicht verteidigen kann. Über Tote etwa spricht man nicht schlecht; sie vermögen im Diesseits keine Gegenargumente mehr vorzubringen. Warum hält man eigentlich Lebende nicht auch der gleichen Zuvorkommenheit für würdig?
Der Koran erachtet die üble Nachrede für so verdammenswert wie „das Fleisch seines toten Bruders zu essen“ (Sure 49,12). Die Meldungen übereifriger Berichterstatter sollte man deshalb mit Vorsicht und Besonnenheit annehmen:

> Sure 49,6 – O die ihr glaubt, wenn ein Ruchloser euch eine Kunde bringt, prüft sie nach, damit ihr nicht anderen Leuten in Unwissenheit ein Unrecht zufügt und hernach bereuen müsst, was ihr getan.

Reife Gläubige delektieren sich nicht an den Fehlhandlungen und Misserfolgen ihrer Mitmenschen, sondern sie sehen ihre eigenen Unzulänglichkeiten und versuchen, sie auszumerzen.
Doch fällt es auch Gläubigen nicht immer leicht, sich in löblicher Weise nur über Wetter, Politik, Ernte oder Küche zu unterhalten. Früher oder später neigt sich die Unterhaltung den Mitmenschen zu. Wie ist diese Thematik doch ergiebig! Religiöse Gebote werden vergessen, wenn sich Augen und Ohren erwartungsvoll öffnen. Man will dem anderen keinen Schaden zufügen, man sagt ja nur … Und schließlich muss etwas Wahres an der Neuigkeit sein; denn „wo kein Feuer brennt,

steigt kein Rauch auf". Man redet sich Empörung oder geheucheltes Mitgefühl von der Seele, das befreit, verhindert psychischen Stau und damit mancherlei Krankheiten. Klatsch wird zum vorbeugenden Heilmittel und bestätigt das alte Wort „Klatsch verlängert das Leben". Außerdem ist dem Klatsch eine erzieherische Aufgabe nicht abzusprechen. Wer wollte mit seinen Handlungen über die geschliffenen Zungen seiner Mitmenschen gleiten? Manche Fehlhandlung unterbleibt aus Angst vor dem nachfolgenden Gerede. Lose Münder, obwohl sie nicht unter den rühmenswerten Eigenschaften einzustufen sind, werden zu Richtern über ethisches Verhalten. Von jeher scheint man dem Klatsch als elementarem Bedürfnis gefrönt zu haben; denn ein überlieferter Ausspruch stellt fest: „Hinter jedem wird hergeredet, selbst hinter dem Sultan redet man her." Steht der Nachbar in der Rangfolge etwa höher als der Sultan?

14.6 Beschimpfungen

Sure 49,11 – Lasset nicht die einen über die anderen spotten ... und gebet einander nicht Schimpfnamen. Schon der bloße Namen, der Schlechtes bedeutet, ist Unrecht nach dem Glauben.

Klar und eindringlich verbietet der Koran Beschimpfungen. Älteren gegenüber ist man grundsätzlich bemüht, seine Zunge im Zaum zu halten. Jedoch bedingen zum Beispiel raue Lebensumstände raue Sitten. Gleichaltrige, Gleichgestellte oder Jüngere bekommen durch unzureichende Ernährung und körperliche Überforderung aufgestautes Missbefinden in emotionellen Ausbrüchen zu spüren. Die Erwartungen vielköpfiger Familien bei geringen Verdienstmöglichkeiten sind dazu angetan, jede Unebenheit im Tagesablauf mit Heftigkeit beantworten zu lassen. Friedlichkeit ist dann leicht zu verkünden, wenn die Nerven im Fett gebettet liegen. Wenn der Hunger nagt und die Sorge drückt, wird das Gebot zu würdevollem Verhalten vorübergehend vergessen. Die Schimpfwörter, die – grob ausgestoßen – ihr Ziel suchen, sind deftig und eindeutig: „Warmer Bruder" vermag die Seele fast noch zu streicheln im Vergleich zu Ausdrücken wie „Ich scheiß dir ins Maul, du Hure!".
Der Mensch, von Gott als edelstes Werk in die Welt gestellt, darf sich seines Vorrangs bewusst sein. Ihn mit dem Namen eines Tieres zu belegen, bedeutet einen Affront gegenüber seinem Schöpfer. Trotzdem behauptet „Esel" seine Stellung als meistgebrauchter Schimpfname,

wird aber Kindern gleichzeitig als verabscheuungswürdig eingeimpft. Kritisch wird die Situation, wenn man sein Gegenüber als „Sohn eines Esels“ bezeichnet; denn hier trifft die Beleidigung den Vater, und ehrbewusste Menschen lassen die eigene Familie nicht verunglimpfen.
Den Superlativ in der Skala der Verbalinjurien bilden Angriffe auf die Honorigkeit der Frauen, da von deren moralischem Gebaren das Ansehen der gesamten Familie abhängt; und die Familienehre ist nun einmal das höchste Gut, das es zu verteidigen gibt: „Dein Weib ist eine Hure!“, „Schick mir dein Weib, ich will sie vögeln!“ oder „Vögle deine Mutter!“ hat schon manchem unbedachten Aggressor das Leben gekostet. Die Waffen sitzen locker, und der Wert der Ehre steht über dem Wert eines Menschenlebens.
Von Kind auf lernt der Nachwuchs den Gehalt dieses Ehrbegriffs zu qualifizieren. Bereits kleinen Schuljungen können ohne ersichtlichen Grund dicke Tränen ohnmächtigen Zorns über die Wangen kullern. Nach dem Grund ihrer Alteration befragt, stoßen sie empört hervor: „Jemand hat meine Mutter beschimpft.“ Körperlich Überlegene setzen sich handgreiflich zur Wehr, und schon auf dem Schulhof liegt der Grund für eine ernsthafte Auseinandersetzung meist in ehrenschänderischem Verhalten.

14.7 Fürbitte und Verwünschung

Gott ist allmächtig; er lenkt das Schicksal der Menschen. Gläubige erkennen an, dass er sowohl Gutes als auch Schweres über seine Geschöpfe verteilt. Sie sind auch überzeugt, dass man mit allen Wünschen zu ihm kommen kann. Neben dem Absolvieren des rituellen Gebets, das in seinem Ablauf peinlich genau festgelegt ist, kann man jederzeit spontan ein persönliches Anliegen vorbringen. Man bittet um Heilung von Krankheit, um Erfolg im Examen, um Verschonung von Unbill in der Natur, um Regen, um Wohlstand, um Freunde – man bittet für sich und die nächsten Angehörigen, für seine Verwandten, Nachbarn und Bekannten.
Am Freitag nach der Predigt und an den Feiertagen nach dem Festgebet erfleht der Vorbeter in der Moschee den Schutz für alle Gläubigen, bittet um Kraft für die Regierenden, spricht die Fürbitte um Gesundheit, Glück, geschwisterliches Einvernehmen und Frieden. Die Gemeinde bekräftigt jede Bitte mit einem lauten *Amin*.

Nach Meinung des Volkes wird die Fürbitte für sich selbst und die Familienangehörigen rascher erhört als für Freunde und Verwandte, zu deren Segen man sein Anliegen öfter wiederholen muss. Bleibt man konsequent, so ist Erfolg zu erwarten. Deutlich formuliert sind die Sentenzen die sich an Gottes Güte wenden:

Möge Gott sich erbarmen!
Möge Gott Erfolg verleihen!
Möge Gott das verhüten!
Möge Gott Kraft geben!
Möge Gott ein langes Leben schenken!
Möge Gott Erleichterung schaffen!
Möge Gott ihn seinen Kindern erhalten!
Möge Gott ihm die ewige Ruhe geben!

Jedoch sind auch Muslime mit all jenen Eigenschaften behaftet, die es zwar zu überwinden gilt, die aber Gott nun einmal in die Menschen gepflanzt hat, nämlich Neid, Eifersucht, Zorn, Rachsucht; und fühlen sie sich gekränkt, übergangen, belogen oder betrogen, so rufen sie wiederum Gott an, diesmal allerdings, um Unheil über den Widersacher herabzurufen.

Dazu dienen drohend ausgesprochene Sprüche wie:

Möge Gott dir deine verdiente Strafe erteilen!
Möge Gott dich vernichten!
Möge er seine Heimsuchung von Gott erhalten!

Bestellt man Gott zum Richter über irdische Nichtigkeiten. Ihm wir die Entscheidung über Strafe oder Straffreiheit zugeschoben. Ereilt den Verfluchten ein Unheil, so kommt es von Gott; bleibt er unbehelligt, so nimmt man es hin. Eine Verwünschung bereitet weniger Umstände und Kosten als ein Gang zum Gericht. Und wer vermöchte gerechter zu sein als Gott?
Ein Fluch gegen die Eltern oder gegen die Kinder geht angeblich am raschesten in Erfüllung. Werden etwa Eltern von ihren Nachkommen enttäuscht, so stellen sie die Bestrafung göttlichem Ratschluss über eine Verwünschung anheim. Trifft die jungen Übeltäter ein Schrecken, so sieht man darin Gottes Urteil. Die Eltern fühlen sich erhört und gerechtfertigt, und im letzten Winkel ihres Herzens sind sie darüber beruhigt, dass sie nicht selbst als Rächer für die Untat haben auftreten müssen.

15. Grundsätzliche islamische Tugenden

Es gibt einige gottgewollte Tugenden, die Muslime durch Disziplin und Selbstzucht erwerben und praktizieren sollen, Tugenden, die Körper und Geist befähigen, alle gegenüber Gott und den Mitmenschen gebotenen Pflichten in Gehorsam zu erfüllen. Der Weg, der zu diesem moralischen Idealziel führt, ist nicht ohne Anfechtungen; denn wer wäre nicht der Versuchung ausgesetzt?

Sure 12,53 – Die Seele ist gewiss geneigt, Böses zu gebieten.

In der Hingabe an Gottes Gesetz, über die Anerkennung seines Willens findet der Mensch jedoch jenen Weg, auf dem er Schlechtes negiert und zum Kern islamischer Moral und Humanität vorstößt. Wiederum ist es die absolute Unterwerfung, die eine gefestigte Weltanschauung vermittelt, das Gefühl der Sicherheit stärkt und den Gläubigen in der Abgeklärtheit überwundener Kontestation existieren lässt.

15.1 Selbstachtung

Wie es den Muslimen geboten ist, Würde und Ansehen des Nächsten unangetastet zu lassen, so haben sie darauf zu achten, dass sie ihre eigene Selbstachtung nicht verlieren. Als persönliches, hohes Gut sollen sie ihre Ehre verteidigen und bewahren. Sie vermeiden plumpe Angriffe auf andere, beleidigen niemanden und sind – als in sich selbst ruhende Menschen – friedfertig und ausgleichend. Betrügereien liegen ihnen fern; ihre Seriosität verbietet ihnen sowohl schmeichlerische Unterwürfigkeit als auch Überheblichkeit.

15.2 Tugend

Tugendsame distanzieren sich von allem, was Menschen erniedrigen kann. Sie sind ehrlich, glaubwürdig und in ihren Lebensäußerungen ernst zu nehmen. Ihre Integrität steht jenseits allen Zweifels. Versuchungen von außen gegenüber bleiben sie standhaft; die physischen Wünsche und Begierden vermögen sie zu koordinieren, sie werden ihnen nicht zum Diktat. Über vier Prinzipien ist diese Hochform ethischen Verhaltens zu erreichen:

Die Gläubigen sollten:

- ihre Willenskraft bewusst stärken,
- ihren Geist mit wertvollem Gedankengut beschäftigen,
- schlechte Vorbilder aus ihrem Lebenskreis verbannen,
- sich Wissen über sexuelle Vorgänge aneignen.

Die letzte Forderung ist für Konservative revolutionär; denn bislang ließ man Heranwachsende über die Abläufe des eigenen Körpers im Unklaren. Jungen und Mädchen wurden zwar bei Intimgesprächen unter Männern oder unter Frauen nicht fortgeschickt. Das Erlauschte vermittelte aber weniger Klarheit im Detail als Neugierde auf die geschlechtlichen Akte. Die eigentliche Aufklärung beschränkte sich auf wenige Sätze vor der Hochzeit. Darstellungen, die bestenfalls dazu angetan waren, die Verwirrung zu perfektionieren.

15.3 Selbstbeherrschung

Die Wechselfälle des Lebens gehören zum Dasein, und niemand bleibt vor Überraschungen bewahrt. Die Reaktion auf Ereignisse wird graduell vom Wesen des Einzelnen bestimmt. Ungeachtet der individuellen Sensibilität sollte jedoch niemand unkontrollierten Verhaltensweisen freien Lauf lassen. Die Erregung ist nach erfreulichen wie unerfreulichen Vorfällen zu zügeln. Gläubige dürfen sich in keiner Weise gehenlassen. Auch schlechte Begierden sollten sie in rechte Bahnen lenken. Wer sich zu beherrschen lernt, bewahrt sich vor Destruktion; denn nach der Offenbarung ist es „der Mensch selbst, der sich zum Bösen führt“.

15.4 Ausdauer

Wer hätte nicht schon einmal ein Vorhaben mit Enthusiasmus begonnen, um die Durchführung mit fortschreitender Zeit im Sande verlaufen zu sehen? Der Schritt vom unvollendeten Werk zur Lächerlichkeit ist gering. Wer sich deshalb vor derartigen Misserfolgen bewahren will, der fasse seine Entschlüsse nach eingehender Prüfung und nach sorgfältig abwägender Planung. Für die Ausführung der Intentionen ist alle Beharrlichkeit aufzuwenden, die ein Mensch zu erbringen fähig ist.

Erfolg im Leben ist jenen beschieden, die ihre Werke gut durchdenken, ihre Ziele mit Ausdauer verfolgen.

15.5 Schlichtheit

Wer sich zum Islam bekennt, erkennt neben der Auflage zur religiösen Unterwerfung die Eigenschaft als Diener und Dienerin Gottes an. Vor Gott gibt es weder Distinktion noch Diskriminierung, Egalität ist ein Prinzip. Dieser Grundsatz sollte von Gläubigen auch im Alltag beachtet werden, er sollte sie Bescheidenheit gegenüber anderen lehren. Die Skala der Unterschiede zwischen den Einzelwesen in physischer wie psychischer, in materieller wie immaterieller Hinsicht ist evident und von Gott geboten. Wer sich nun den Ausgezeichneten zurechnen darf, der erkenne seine Vorzugsstellung dankbar an, hüte sich aber vor Überheblichkeit. Arroganz geziemt sich weder gegenüber weniger Begünstigten noch gegenüber Untergebenen. Ein Muslim sei zu jedem Mitmenschen gleichmäßig freundlich, er sei hilfsbereit und erziehe sich zur Schlichtheit in Erscheinung und Gebaren. Den nach göttlicher Bestimmung steht kein Mensch über dem anderen.

15.6 Weichherzigkeit

Entlädt sich Zorn in seiner aufgestauten Heftigkeit über anderen, so kann er kränken, kann Menschen entzweien, kann auch schädigend auf den Rabiaten zurückfallen. Zorn wird deshalb meist bitter bereut. Aufbrausende Reaktionen liegen in der Natur des Menschen, sie sollten aber so weit gezügelt werden, dass man sie beherrscht. Die Erziehung muss deshalb einen Weg zur Weichherzigkeit finden, jener ethischen Eigenschaft, die weder verärgert noch beleidigt, die Grobheit oder unangebrachte Strenge vermeidet und die sich den Mitmenschen in bester Absicht zuwendet.
Dass Gutmütigkeit nicht soweit ins Extrem getrieben werden darf, dass sie den eigenen rechtlichen Standpunkt nicht mehr zu vertreten wagt, steht außer Diskussion:

> Sure 42,41 – Jedoch trifft kein Tadel jene, die sich verteidigen, nachdem ihnen Unrecht widerfuhr.

Weichherzigkeit sollte jene Atmosphäre der Verträglichkeit wecken, die ein friedliches Zusammenleben garantiert. Sie ist ein Feind der Despotie. Hierzu mahnt der Prophet: „Schmücke dich mit Weichherzigkeit, sei deiner Familie gegenüber nachgiebig!"

15.7 Fleiß

Die unendliche Natur ist eine Ordnung, in der ohne Unterlass gewerkt und gewoben wird. Stillstand bedeutete ein Ende alles Lebens. Der Mensch ist in dieses System einbezogen, er kann nicht als distanzierter Betrachter in den Tag hinein dösen. Der Islam misst der Emsigkeit hohe Bedeutung bei; Wissen, Reichtum, ja selbst Gesundheit werden durch Fleiß erworben. Der Versuch, sich diesseitigem und jenseitigem Glück zu nähern, bedarf der Anstrengung. Ein jeder Tag sollte dem vorausgegangenen gegenüber einen Zugewinn enthalten. Der Prophet drückt das so aus: „Zwei in gleicher Weise ablaufende Tage sind ein Betrug."
Trägheit wird in der Offenbarung abgelehnt, nur Regsamkeit erzielt Erfolge. Der Fleißige darf Belohnung erhoffen, dem Faulen droht Strafe. Den Konkurrenzkampf als Folge gezielt eingesetzten Wirkens gilt es zu bestehen.
Muslime haben die Auflage, anderen durch Fleiß und Leistung ein Vorbild zu sein.

15.8 Geduld

> Sure 2,153 – O die ihr glaubt, sucht Hilfe in Geduld und im Gebet; denn wahrlich, Allah ist mit den Standhaften.

Schwierigkeiten und Hindernisse bestimmen einen jeden Lebensweg. Geduld lässt uns viele dieser Hemmnisse überwinden. Es ist der Ungeduldige, der in Konfusion gerät und sich selbst in die Hoffnungslosigkeit treibt. Im Vertrauen auf Gott abwarten zu können, gilt als Gebot. Zu vielem, das uns heute im täglichen Leben dient, wurde durch die Geduld und Beharrlichkeit der vorausgehenden Generationen die Grundlage gelegt. Wir dürfen die Ergebnisse langzeitlicher Bemühungen genießen. Genauso sollten die Menschen der Gegenwart über Rückschlägen nicht verzweifeln, sondern in Demut ihren Weg unbeirrt weiterverfolgen.

Muslime lassen sich in Zeiten der Gefahr nicht erschüttern; sie zeigen keine Resignation, wenn es um den Dienst an Gott geht, wenn böse Taten abgewehrt werden sollen, wenn sie von Gott mit Schicksalshärten geprüft werden. „Gott möge Ihnen Geduld verleihen", ist ein Wunsch für die Betroffenen. Geduld führt zur Genugtuung der Überwindung:

> Sure 42,43 – Und fürwahr, wer geduldig ist und vergibt, das ist gewiss Zeichen eines starken Geistes.

15.9 Bewahren von Anvertrautem

Geld oder Gut, das einem anderen zum Schutz und zur Aufbewahrung überantwortet wird, darf niemals veruntreut werden, ist zum gewünschten Zeitpunkt im ursprünglichen Zustand zurückzugeben. Anvertraute Geheimnisse sind im Herzen einzuschließen, sind zu bewahren. Wahre Muslime sind in jeder Hinsicht zuverlässig und vertrauenswürdig. Der Prophet stellt Defraudation für seine Anhänger vollständig in Abrede: „Der Ungläubige ist dreifach gezeichnet: Wenn er spricht, so lügt er, ein gegebenes Wort bricht er, anvertrautes Gut veruntreut er." Wer sich also der Sünde der Unterschlagung schuldig macht, wird in die Reihen der Nicht-Rechtgläubigen verstoßen. Der Koran selbst stellt den Zuverlässigen eine Bevorzugung für das Dasein nach dem irdischen Leben in Aussicht, indem er jenseitigen Lohn denen verspricht, „die das ihnen Anvertraute" in Ehren halten (Sure 70,32).

15.10 Gebefreudigkeit

> Sure 16,90 – Allah gebietet Gerechtigkeit und dass ihr uneigennützig Gutes tut und anderen spendet wie Verwandten.

Verschuldet oder unverschuldet, Menschen geraten mitunter rasch in Not. Gläubige sollten mit offenen Sinnen solche Situationen erkennen und den Bedrängten altruistisch unter die Arme greifen. Soziales Verhalten im Alltag ist eine ständig zu achtende, religiöse Forderung. Da der Mensch nach koranischer Aussage über seine selbst erworbenen Güter frei verfügen darf, jedoch sowohl Geiz als auch Verschwendungssucht verdammt werden, erwartet man von Arrivierten jene Freigebigkeit, die für ihre Hilfeleistungen keine Erwiderung erwarten. Spender und Spenderinnen können ihre Zuwendungen sowohl in aller Offenheit als auch heimlich übermitteln; das möge sich nach den jeweiligen Umständen richten. Wichtig ist, dass die Gabe aus ehrlichem Herzen überreicht wird. Geld- oder Sachspenden sollen Armen, Kranken, unversorgt Alleinstehenden, Witwen, Waisen, Alten oder auch sozialen Einrichtungen zufließen. Die Offenbarung preist jene, „in deren Reichtum ein bestimmter Anteil ist für den Bittenden wie für den, der unfähig ist zu bitten" (Sure 70,24/25).

16. Das Kopftuch

Sure 33,59 – O Prophet! Sprich zu deinen Frauen und deinen Töchtern und zu den Frauen der Gläubigen, sie sollen sich einen Teil ihres losen Übergewandes tief über ihre Gesichter hängen.

Eine Muslima hat sich zu bedecken. Sie hat alles zu vermeiden, was ihren „natürlichen Schmuck" zur Schau stellen und die Sinne der Männer aufreizen könnte. Ihre Kleidung soll verhüllen und nicht entblößend betonen, denn „Gott verflucht die Frauen, die Kleider tragen und doch nackt erscheinen" (Hadith).

Im Verlauf von Jahrzehnten und Jahrhunderten änderte sich natürlich die Mode. Mit dem Vordringen europäischer Kleidung auch in den islamischen Ländern rutschte der Rocksaum höher, wurden die Schwimmtrikots aktuell und immer knapper, und das Prophetenwort „Wenn eine Frau die geschlechtliche Reife erlangt, soll kein Teil ihres Körpers außer ihrem Gesicht und den Händen bis zu den Handgelenken unbedeckt bleiben", findet längst nicht mehr allenthalben die ihm religiös zustehende Beachtung.

Das Haar junger Frauen in seiner Fülle und Üppigkeit bildet den auffallendsten Teil des natürlichen Körperschmucks und ist deshalb zu verbergen. An dieses Gebot hält sich fast überängstlich der weibliche Teil fundamentalistischer Familien. Man zieht das Kopftuch weit in die Stirn, legt mit einem geschickten Dreh die Seitenteile über den Ohren in kleine Falten und bindet die Enden unter dem Kinn fest. Der Stoff muss so reich fallen, dass er über den Rücken herabhängt und an keiner Stelle ein Härchen freigibt. Dazu ziehen diese Frauen auch in den Großstädten, deren Bevölkerung mehr zum westlichen Lebensstil tendiert, einen langen, dezent einfarbigen Mantel an, wann immer sie auf die Straße gehen, auch bei sengender Sommerhitze. Sportlicher Betätigung im entsprechenden Dress erteilen sie eine strikte Absage.

Für viele Frauen dagegen hat das Tragen des Kopftuchs kaum mehr die Bedeutung eines religiösen Rituals, sondern die einer ethnischen Überlieferung. So weit man zurückdenken kann, trugen alle Frauen diese leichte Kopfbedeckung, also übernimmt man den Brauch.

Nach der Eheschließung wird das Kopftuch neben dem Ehering zum äußeren Zeichen der Verheirateten.

Emanzipierte Frauen lassen das Kopftuch in der Schublade. Sie tragen Kurzhaarschnitt, Dauerwelle und Föhnfrisur. Da aber ein bedrucktes

Stück Seide oder Baumwolle noch immer der beste Schutz gegen Sonne, Wind, Staub und Kälte ist, binden sie es je nach Anlass um.
Eine Selbstverständlichkeit ist es für jede islamzugehörige Frau, beim Lesen des *Heiligen Koran* oder bei der Verrichtung des *Namaz* ihr Haar vollständig zu bedecken. Auch eine häusliche Andacht in größerem Kreis oder ein Moscheebesuch erfordern die Befolgung des Verhüllungsgebots.
Bis in das letzte Jahrhundert herein war das Kopftuch ein Zeichen weiblicher Ehre und Unbescholtenheit. Konnte ein heißblütiger Jüngling, der zu einer knospenden Schönheit in Liebe entbrannt war und eine Vermählung anstrebte, gegen den Widerstand der Familie des Mädchens nicht zum Ziele kommen, so blieb ihm – wenn sich eine Entführung nicht einfädeln ließ – ein letztes Vorgehen übrig, das aber einer Schandtat gleichkam: er zog der hoch Verehrten vor Zeugen das Tuch vom Haupt. Das ließ die Umgebung erstarren und die Angebetete in Tränen ausbrechen. Das Mädchen galt als entehrt, der gute Ruf war verloren. Um die Reputation der Bloßgestellten samt der ihrer Angehörigen wiederherzustellen, mussten sie die Eltern mit dem Übeltäter verheiraten; denn nach solcher Schmach wäre ein annehmbarer Antrag kaum mehr zu erwarten gewesen.
Einst konnte es auch vorkommen, dass ältere Frauen ihre Ehre opferten, um Streithähne zur Räson zu bringen. Gingen Verfeindete mit Fäusten und Knüppeln aufeinander los und vermochten umstehende Männer nicht mehr einzugreifen, ohne selbst für ihre Gesundheit fürchten zu müssen, so riss sich eine beherzte Frau das Kopftuch herunter und hielt es zwischen die Raufbolde. Die ließen prompt voneinander ab. Dass eine Frau ihr Ansehen aufs Spiel setzte, um Frieden zu stiften, war für Männer so beeindruckend, dass sie auf weiteren Schlagabtausch verzichteten.
Mag dem Kopftuch diese außergewöhnliche Bedeutung auch verloren gegangen sein, so gehört es doch nach wie vor zu den unveräußerlichen weiblichen Requisiten im islamischen Kulturraum.

17. Die Arbeitswelt

Die Gesellschaft der Muslime ist eine egalitäre Gemeinschaft, vor Gott sind – ungeachtet ihrer Abstammung – alle gleich. Egalität herrscht auch hinsichtlich der beruflichen Möglichkeiten; das Erreichen bestimmter Positionen dekretiert der Einzelne mit seinem Streben. Gebunden und eingeengt ist er nur durch seine Veranlagung, denn die Fähigkeiten werden von Gott individuell verteilt. Trotzdem sollte jeder innerhalb seines Arbeitsbereichs das Bestmögliche leisten.

Mit fortschreitender Zivilisation weitete sich die Vielfalt der Berufsgruppen aus; die Arbeitsteilung ist Selbstverständlichkeit, und die Relationen zwischen den Produktionsfeldern gestalten sich zusehends enger. Die Technik bereitete der bäuerlich-familiären Autarkie ein Ende. Viele Werktätige erwerben längst ihr Einkommen an einer Stelle, die sich mehr durch Eintönigkeit denn durch Attraktivität auszeichnet. Ganz gleich, ob sich der Einzelne in der Landwirtschaft, im Handwerk, in der Verwaltung oder am anonymen Arbeitsplatz der Industrie abplagt, er muss sich an der Kapazität des Mitschaffenden orientieren. Menschliche Arbeit ist ein Anliegen der Gemeinschaft.

So sind die Gläubigen dazu aufgerufen, sowohl an der Leistung ihrer Mitbrüder und -schwestern Interesse zu zeigen, als auch ihr eigenes Werk als Beitrag für die Existenz der Allgemeinheit zu sehen. Da der Mensch ein Schöpfungsakt Gottes ist, wird der über die Arbeit geleistete Dienst am Nächsten zum Dienst an Gott.

Auch bleibt dem Ausgelasteten wenig Raum für abwegige Überlegungen. So manches Verbrechen wäre ungeschehen geblieben, hätte sich der Täter nach einem strengen Arbeitstag müde auf den Heimweg gemacht.

Der Arbeitslohn kann und soll die Befriedigung der täglichen Bedürfnisse in Reichweite rücken. Ein ausgeübter Beruf macht den Menschen unabhängig und selbstsicher, er gibt jene Befriedigung, die die Vollendung eines gelungenen Werkes vermittelt. Das Wohlgefühl der Zufriedenheit auf Erden lässt das Glück des Jenseits ahnen. Unser Arbeitsverhalten erhält den Wert einer Stufe zum Gewinn des ewigen Lebens. Ein Hadith sagt: „Arbeitet für das Diesseits, als würdet ihr nie sterben müssen, und leistet euren Dienst für das Jenseits, als müsstet ihr morgen sterben."

Die Religion verdammt Faulheit und Trägheit, und der Koran erwähnt den „Schweiß auf der Stirn", der bei der Anstrengung um das tägliche Brot ausbricht. Dazu äußert der Prophet, dass „keiner ein köstlicheres Brot zu sich genommen hat, als das mit eigener Kraft erworbene". Ein Ausspruch, der dem Betteln eigentlich den Boden entziehen sollte:

Sure 53,39 – Der Mensch soll nichts empfangen, als was er erstrebt.

Die Schaffenden widmen einen erheblichen Teil ihres Lebens ihrem Tun. Da nach einem alten Sprichwort „die Arbeit der Spiegel des Menschen" ist, sollte dieses Tun gut geplant und angemessen ertragreich sein; es sollte mit ganzer Kraft geleistet und in seinen Vorhaben in entsprechender Weise zum Abschluss gebracht werden. Vor allem aber sollte es eine ehrliche Arbeit sein. Der türkische Ausspruch „Mag es auch wenig sein, es soll sauber sein!" enthält die Grundsentenz der islamischen Arbeitsethik. Die Betätigung in der Landwirtschaft, im Handel, im Handwerk und in der Industrie sind geboten. Schmuggel, Diebstahl, Schwarzhandel und Glücksspiel hingegen unterliegen striktem Verbot. Ehrliche Arbeit ist eine kanonische Vorschrift. Gott hat dem Menschen alle Veranlagungen mitgegeben, die ihn zu ehrlichem Broterwerb befähigen.
Ausbeuterische Handels- oder Unternehmensformen, die den eigenen Gewinn auf Kosten anderer einbringen, die den Mitarbeiter allein etwaige Verluste tragen lassen, gelten als unsittlich. Wetten, Spekulationen, Fälschung, Bestechung, das Zurückhalten nötiger Waren zum Zwecke der persönlichen Bereicherung sollten unterbleiben. Derartige Verhaltensweisen greifen die Würde des Geschädigten an.
Der Umgang mit Geld verlangt peinlich genaue Konsequenz:

Sure 2,282 – Wenn ihr, einer vom andern, ein Darlehen nehmt, auf eine bestimmte Frist, dann schreibt es nieder ... zusammen mit der festgesetzten Zahlungsfrist.

Der Rückgabetermin ist einzuhalten, es sei denn, der Verpflichtete hat den Betrag nicht zur Verfügung. In solchem Falle wird dem Kreditor Generosität anempfohlen:

Sure 2,280 – Und wenn ein Schuldner in Schwierigkeiten ist, dann gewährt ihm Aufschub, bis ihm das Zahlen leicht fällt. Erlasst ihr es aber als Guttat: das ist euch noch besser, wenn ihr es nur wüsstet.

Gelderwerb ohne persönlichen Einsatz, Verdienst ohne eigene Mühen gelten als unreell. Entsprechend sollte ein Gläubiger sein Gewissen nicht mit dem Eintreiben von Zinsen belasten. Handel ist erlaubt,

Zinsnehmen untersagt (Sure 2,275). Kredite bedeuten eine momentane Hilfe für Menschen in Notsituationen; sie sollten nicht zur bequem plätschernden Wohlhabenheitsquelle für den Verleiher werden. Nach dem Koran ist der Schuldner nur zur Rückerstattung der Darlehenssumme verpflichtet (Sure 2,279):

Sure 3,130 – O die ihr glaubt, verschlingt nicht Zins und Zinseszins.

Dass all diese Hinweise auf verbotenes Finanzgebaren inzwischen von der modernen Form der Geldinstitute, die mit der Wechselwirkung Kreditzins – Sparzins betriebsfähig werden, längst überholt wurden, bedarf keiner Betonung. Es bleibt aber der Appell an das gütige Herz:

Sure 2,276 – Allah wird den Zins abschaffen und die Mildtätigkeit mehren.

18. Das Vaterland

18.1 Vaterlandsliebe

Die Bindung an die Heimat, die Hinneigung zum Vaterland ist ein strikt befolgtes Erziehungsziel. Sein eigenes Land sollte ein jeder Muslim als Heiligtum betrachten und sollte es lieben. Die Vorväter haben den Boden unter Einsatz ihres Lebens gewonnen und genutzt; ihn gilt es zu schützen und zu erhalten.

18.2 Staat und Gesetze

Dem koranischen Befehl entsprechend, dass Gläubige „Gott, dem Propheten und ihrem Staat" zu gehorchen hätten, zählt es zu den Verfehlungen, sich gegen nationale Gesetze zu wenden. Gehorsam und Gesetzestreue sollten das Verhältnis zum Staat bestimmen. Dieser Aufruf beinhaltet auch die Abgabe von Steuern, mit denen Einrichtungen für den Dienst an der Allgemeinheit zu bestreiten sind, etwa Krankenhäuser und Schulen, Straßen und Brücken, Anlagen zur Energiegewinnung und Wasserversorgung. Gelder, die aus der Gemeinschaft kommen, sollen zum Wohl der Allgemeinheit in deren Nutzungsbereich zurückfließen.

18.3 Vaterlandsverteidigung

Nicht allein edle Motive lösen menschliche Reaktionen aus. So überschreiten Völker mitunter ihre Befugnisse und fallen in anderen Ländern ein. Eine Nation sollte stark genug sein, derartigen Exzessen mit Nachdruck zu begegnen. Junge Männer erfahren ihre Vorbereitung zur Vaterlandsverteidigung während des Wehrdienstes, und sie sollten dieser Aktivzeit im wehrfähigen Alter als selbstverständlicher Pflicht zustimmen. Ein Hadith sagt: „Wirst du zu den Waffen gerufen, so folge sofort!" Die Instruktion von Rekruten und die Bereitstellung von Abwehrwaffen sind also keineswegs einseitig profane Bestrebungen, sondern sie stehen ausdrücklich unter Gottes Konzession.

18.4 Ruf zum Wehrdienst

Sure 22,39 – Erlaubnis zu kämpfen ist denen gegeben, die bekämpft werden, weil ihnen Unrecht geschah.

Die jungen Wehrpflichtigen sind in der Regel – durch die Erzählungen älterer Männer neugierig gemacht – gespannt auf das Geschehen bei den Soldaten.

Voller Stolz verkünden die gerufenen Burschen in ihrer Umgebung den Termin des Dienstantritts und rücken damit ins Blickfeld besonderen Interesses. Verwandte und Freunde laden sie zum Essen ein und stecken ihnen etwas Geld zu; denn der Wehrsold ist nicht üppig, und junge Menschen sollen in der Fremde nicht darben. In kleineren Orten lädt eine mit Gütern wohl versorgte Familie die ganze Gruppe der Gleichaltrigen zu einem Abschiedsmahl ein. Nach dem Essen bleibt man in froher Runde zu Liedern und Volkstänzen vereint. Ist ein Dorfcafé vorhanden, so ziehen alle Männer dorthin, um den Abschied ihrer Jünglinge zu feiern. Die Dorfmusikanten lassen sich nicht lange bitten; Wehrpflichtigen gehört ein beeindruckendes Valet geblasen.

Der Reisetag bringt Verwandte und Befreundete auf die Beine. Man begleitet die jungen Männer zu Zug und Bus. Die letzten Päckchen mit Wegzehrung, die letzten Geldscheine wechseln den Besitzer, kräftige Paukenschläge und näselnder Oboenklang erbauen die Versammelten, die Männer umarmen die Ziehenden und klopfen ihnen mutspendend auf Schultern und Rücken. Die Frauen hingegen vergießen Tränen. Meist ist es das erste Mal, dass Mütter und Großmütter von Söhnen und Enkeln getrennt werden.

Derweil fasst der angehende Soldat unbemerkt in die Hosentasche, ob das Taschentuch, das ihm heimlich zugesteckt worden ist, auch noch in der Tiefe ruht. Hat sich nämlich über Feld, Garten oder Dorfstraße hinweg ein kleiner Flirt entwickelt, so fertigt das in der Erregung erster, knospender Liebe befangene Mädchen ein Taschentuch, versieht seinen Rand mit einer Häkelspitze und schickt es durch eine Vertrauensperson an den Liebsten. Möge er daran erinnert werden, dass sich im Heimatort jemand nach seiner Rückkehr sehnt.

Hat sich das Verkehrsmittel mit den aufgeregten Jungmannen in Bewegung gesetzt, so gießt man einen Eimer Wasser hinterher: Fahrt lachend dahin, kehrt lachend zurück! Möge eure Reise wie fließendes Wasser vonstatten gehen!

Die Zurückbleibenden sprechen Gebete; sie erbitten Gottes Schutz für ihre Söhne.
Die Familien befassen sich fortan mit ihren flügge gewordenen Jungen, die in unbekannt fernen Kasernen dienen. Die gefühlsmäßige Assoziation ist so stark, dass Angehörige beschwörende Bekräftigungen einer Aussage „beim Sohn, der den Wehrdienst ableistet", unterstreichen. Sinn für Ehrlichkeit und offene Worte wagt sogar, Gesundheit und Leben des Soldaten als Garanten eines Eides einzusetzen: „Wenn ich lüge, so soll von meinem Soldatensohn schlechte Nachricht kommen."
Die Betroffenen lernen zu dieser Zeit nicht nur militärischen Drill und Gehorsam, die Handhabung moderner Waffen und Maschinen kennen, sondern sie durchlaufen, je nach mitgebrachten Voraussetzungen, eine Schule für das Leben. Religion und Staatsbürgerkunde stehen in der Regel auf dem Unterrichtsprogramm; und da militärische Einrichtungen zu ihrer Erhaltung ständiger Pflege bedürfen, kehrt manch einfacher Landarbeiter oder städtischer Unausgebildeter mit den Fähigkeiten eines Handwerkers zurück.
Nach Monaten werden reifere, selbstbewusstere junge Männer entlassen. Im Heimatort mit Ungeduld erwartet, wächst sich der Empfang mit Pauke und Oboe wiederum zum Fest aus. Die Familien sind dankbar und glücklich ob der gesunden Heimkehr ihres Sohnes; denn Soldatsein ist nicht nur eine heilige, sondern auch eine gefahrenreiche Aufgabe. Die Rückkehrer sind stolz. Vergessen sind manche Mühen der letzten Zeit. Im Kreis der Männer gelten sie nun als vollwertig; bei Männergesprächen können auch sie Erlebnisse aus ihrer Wehrdienstzeit einbringen.

18.5 Frontkämpfer und Gefallene

Sure 2,216 – Zu kämpfen ist euch anbefohlen, mag es euch auch missfallen.

Die Verteidigung von Glauben und Vaterland ist ein religiöses Gebot, jeder gesunde Mann ist dazu aufgerufen. Wer bei kriegerischen Auseinandersetzungen zu den Waffen eilen muss und sich an der Front bewährt, der darf im Volk besonderen Ansehens gewiss sein. In der Türkei z. B. erwirbt er sich den Ehrentitel *Gazi* (Frontkämpfer), den er vor seinem Rufnamen führt, etwa *Gazi Mehmet*.
Frauen sind in dieser Hinsicht den Männern gleichgestellt. Unterstüt-

zen sie die Kämpfer bis in die vordersten Linien, heben vielleicht selbst die Waffen gegen den Feind, so wird ihnen ebenbürtige Anerkennung zuteil.

Das Prädikat *Gazi* schlägt sich in klingender Münze nieder; denn selbst der Staat stuft die Leistung der Vaterlandsverteidigung besonders ein. Veteranen erhalten eine kleine Rente auf Lebenszeit ausgesetzt.

Als ein sehr hohes Verdienst wird der Heldentod angesehen. Gefallene rücken in der Stufenleiter der Wertschätzung an die Spitze, denn sie erreichen das Niveau eines Propheten, stehen also Gott in ihrer Hingabe und Charakterstärke am nächsten. Ihre Sünden werden ihnen vergeben; ihre Seelen müssen nicht auf den Entscheid des Jüngsten Gerichts warten, sie gehen auf direktem Weg zu den Annehmlichkeiten des Paradieses ein. Allah „wird sie leiten und ihren Stand bessern und sie ins Paradies führen" (Sure 42,5/6) – eschatologische Verheißung für das Dasein nach der irdischen Lebensspanne.

Die Überlebenden bezeichnen die im Kampf Gebliebenen ehrfurchtsvoll als *Schehit* (= die Gefallenen). Ihre Gräber gelten als heilig. Wie zu den Heiligengräbern pilgern Sorgenbeladene auch zu diesen Stätten, um dort zu beten oder um Fürbitte zu flehen. Legenden berichten, man habe in tiefer Nacht über Soldatengräbern Heiligenscheine gesehen. Für Menschen, die zur Mystik neigen, ein eindeutiger Beweis für die gottgewünschte Sonderheit der Ruhestätten. In Kriegswirren getötete Frauen und Kinder sind den Männern gleichgestellt. Auch sie werden *Schehit* und sind vor Gott von allen Sünden rein.

19. Reinlichkeit und Hygiene

Die Reinlichkeit wurzelt im Glauben (Hadith).

Zahlreich sind die Hinweise für die Reinigung des Körpers. Die rituellen Waschungen sind bis ins Detail festgelegt und zu beachten. Das Badewasser vor den religiösen Feiertagen gilt nicht nur als heilend, sondern auch als heilig. Im Dasein gibt es kaum einen wichtigen Vorfall, dem nicht eine körperliche Säuberung vorausginge, und selbst ein Verstorbener darf erst dann zur Grabesruhe getragen werden, wenn der Leichnam einer abschließenden Waschung unterzogen wurde. Der letzte Wasserschwall, der sich über den leblosen Körper ergießt, heißt „Wasser des Jenseits".

Am Morgen wäscht man sich Gesicht und Hände. Sprudelt in einem Haus mit moderner Installation das Wasser aus dem Hahn, so ist die Reinigung rasch erledigt. Ist das Rohr einer Leitung zwar bis ans Haus, jedoch nicht unter der Schwelle hindurch in die Räume geführt, oder holen die Bewohner eine Ortes ihr Wasser noch vom Brunnen, so füllt man einen Krug oder eine Kanne, stellt den Behälter in eine ausladende Schüssel und schafft damit die Voraussetzungen für die Morgentoilette. Es ist eine Ehre, einem älteren Familienmitglied das Wasser in die hohle Hand zu gießen und nach der Reinigung das Handtuch zu reichen.

Am Abend sollte das Säuberungsritual mit einer Reinigung der Füße ergänzt werden. Die Mütter müssen viel Energie aufwenden, um einem gesunden Nachwuchs, der kaum Sinn für das Händewaschen zu entwickeln vermag, diese lästige Pflicht zur Regel werden zu lassen. Die Kinder genügen vor allem im Sommer dieser Auflage nach Möglichkeit an einem nahen Bach. Fließt Wasser aus einer Bewässerungsanlage in den Garten, so machen sich alle Familienmitglieder diese Einrichtung vor der Nachtruhe zunutze.

Einmal in der Woche ist Badetag. In Bauernhäusern ist mitunter im Stall ein kleiner Raum ausgespart, in den sich die Bewohner zum Badezeremoniell zurückziehen können. Er garantiert nicht nur das Alleinsein innerhalb einer vielköpfigen Familie, sondern gewährt auch die gleichmäßige Wärme, die das Vieh spendet.

Zur Pflege der Wäsche rumpeln inzwischen zahlreiche Waschmaschinen. Ist diese Annehmlichkeit noch nicht installiert, so erhitzt die Hausfrau ihr Leinen auf dem Herd, kippt es in die Badewanne und tritt es nach dem Abkühlen tüchtig mit Füßen.

Auf dem Dorf ziehen die Frauen und Mädchen während der warmen Jahreszeit hinaus zum Waschplatz. Sie tragen trockene Äste und dürres Gras zusammen und kochen über offenem Feuer ihre Wäsche in einer Lauge. Besonders verschmutzte Stellen rubbeln sie zwischen den Fingern oder schlagen sie mit einem langen Wäscheholz. Gespült wird in fließendem Wasser, zum Trocknen legt man die einzelnen Teile über Sträucher. Hat der Bach an dieser Stelle eine kleine Bucht ausgenagt, so steigen die Wäscherinnen, während die Sonne ihr bleichendes und trocknendes Werk vollbringt, selbst ins Wasser und finden Zeit für ein erholsames Bad. Da Nacktheit verpönt ist, ziehen sie ihre Kleider nicht aus; in der Hitze des Tags werden sie auch schnell wieder trocken. Der Waschtag gilt der Reinigung von Textilien und Körper in gleicher Weise.
Hin und wieder gönnt sich Alt und Jung einen Besuch im öffentlichen Badehaus. Ist das Gebäude nicht groß genug, um Männer und Frauen in getrennten Abteilungen aufzunehmen, so sind den Geschlechtern unterschiedliche Zeiten vorbehalten.
In einem Vorraum entkleiden sich die Gäste; sie umhüllen ihren Körper mit einem Tuch und begeben sich zunächst zur Anpassung in einen warmen Raum, später dann in einen sehr hoch aufgeheizten. Dort bleiben sie, bis ihnen der Schweiß ausbricht. Meist beginnt die weitere Prozedur mit einer Kopfwäsche. Daraufhin bearbeiten Badewärter bzw. Badefrauen die feuchtgeschwitzte Haut mit einem groben Waschlappen, der die alten Schichten mitnimmt und die frische Haut rosig erblühen lässt. Nach einer Massage wird der Badende eingeseift, abgespült und abgetrocknet. In einem frischen Badetuch darf er sich nun im Vorraum ausruhen. Diese Zeit genießen vor allem Frauen. Sie trinken Fruchtsäfte, bieten sich gegenseitig Obst und Süßigkeiten an und ergehen sich voller Lust in Vorstadtneuigkeiten. Der Aufenthalt im *Hamam* zieht sich über geraume Zeit hin.
Einst war der *Hamam* gesellschaftlicher Treffpunkt vornehmlich für die Weiblichkeit. Über halbe Tage hinweg konnte man sich seine Nöte von der Seele reden und begierig den neuesten Klatsch aufsaugen. Mütter und Großmütter hielten Ausschau nach geeigneten Heiratskandidatinnen für die heranwachsenden Männer ihrer Familie und hatten während der Einseif- und Abspülaktionen die Möglichkeit, die Makellosigkeit der reifenden Körper zu prüfen. Im weiblichen Kreis waren oft vorsichtige Verbindungsabsprachen getroffen worden, noch ehe die

Herren des Hauses von dem Schicksal, das da auf sie zukommen sollte, etwas ahnen konnten.

Mit der Einrichtung von Etagenwohnungen und Villen im westlichen Stil wurde das komfortable Badezimmer zur Gewohnheit, und der *Hamam* verlor für die gehobene Schicht an Bedeutung, vor allem als Heiratsmarkt. Längst gibt es andere Möglichkeiten, sich auf gesellschaftlicher Basis kennen zu lernen, und der Bikini am Badestrand ist auch nicht geeignet, körperliche Mängel zu verdecken.

Wer allerdings in einer schlecht ausgestatteten Kellerwohnung, in einem einfachen Altbau oder in einem Armenviertel am Stadtrand lebt, der findet noch immer den Weg zum Badehaus. Im Unterbewusstsein mag dieser Gang sogar als religiöse Auflage fortleben; denn in vergangenen Zeiten unterzog man sich der großen rituellen Reinigung vornehmlich im öffentlichen Bad.

Ihre Notdurft verrichten die Menschen in hockender Stellung. Entsprechend sind die Toiletten mit zwei erhöhten Standflächen und einer Abflussöffnung versehen. Daneben steht ein Krug mit Wasser. Zur Reinigung lässt man das Nass über den Anus rinnen, zum Abtrocknen benützt man einen bereithängenden Lappen. Diese Tücher schaffen der Hausfrau zusätzliche Arbeit, denn sie müssen eigens ausgekocht und gewaschen werden.

Toilettenpapier wird in den Städten verkauft, sein Gebrauch setzte sich aber nur zögernd durch. Legendenhaft erzählt man sich, Papier, darauf man den Namen *Allahs* schreiben könne, dürfe nicht zu solcherart profanen Zwecken verwendet werden. Jedoch sollte wohl der Papiermangel einen anderen Säuberungsmodus verhindert haben.

Wasser ist wichtig. Es ist die lebenspendende Voraussetzung für jegliche Existenz, und Landesteile oder Orte empfangen ihre Wertschätzung nach der Qualität ihrer sprudelnden Quellen. Für das Herbeischaffen und Bereitstellen bedarf es verschiedener Gerätschaften, so dass sich in jedem Haus Tröge, Eimer, Schüsseln, Kannen, Krüge und Schöpfschalen in ausreichender Menge vorfinden.

Wasser ist kostbar. Im trockenen Binnenland mit seinen heißen Sommern plätschern die Brunnen in der warmen Jahreszeit immer spärlicher, die Angst vor ihrem Versiegen begleitet den Alltag. In diesen Tagen genießt das Vieh ein Vorrecht; es muss getränkt werden. Die Reinigung von Körper und Kleidung geschieht in größeren Intervallen. Wasser über den häuslichen Fußboden schwappen zu lassen, käme einer Sünde gleich. Das Gebot, Sparsamkeit walten zu lassen, wurde

dem Denken über viele Generationen hinweg eingebrannt. Dem Mitmenschen mangelnde Tugenden nachzuweisen, sei Pharisäern überlassen. Bevor man hier von fehlender Sauberkeit und Hygiene spricht, sollte man die Gründe des Verhaltens kennen.
Auch in den Städten, vor allem jenen am Meer, rümpfen Außenstehende gern wegen des Schmutzes die Nase. Jedoch – wirbelt der gleichmäßig wehende Wind die mangels einer bindenden, feuchten Pflanzendecke frei schwebenden Erdpartikeln unaufhörlich in die Straßen, und kriecht in der Nacht die Feuchtigkeit über die Ufer, dringt durch alle Ritzen, lässt Bücher vergilben , Leder verschimmeln, Silber schwarzblau anlaufen, Farbe abblättern und den Staub auf den Möbeln zu einer klebrigen Schicht werden, so erlahmen letztlich auch die flinkest geschwungenen Wedel und Lappen und kapitulieren vor den Gesetzen der Natur.
Die Sauberkeit der Wohnung ist in den Reinigungsreigen einbezogen. Moderne chemische Zusätze für den Haushalt sind zwar zu erwerben, jedoch nicht in die durchschnittliche Haushaltskasse eingeplant. Dem Geschirr rückt man mit Soda und Kernseife, den Steinplatten im Hauseingang mit Schmierseife zu Leibe. Für die Wäsche leistet man sich etwas Waschblau, und auf dem Lande schaffen Wasser und Reisigbesen den Hausputz.
Der Zimmerboden aus fester Erde, Beton oder Brettern ist, je nach Klimazone, mit Strohmatten, einfachem Teppich oder Filz bedeckt. Von den Gebetsteppichen abgesehen, sind die kostbaren – in der westlichen Welt berühmten – so genannten Orientteppiche im einfachen Haushalt eher die Seltenheit. Kündigen sich Feiertage an, naht nach der staubigen Sommerarbeit der Winter, oder lässt das Frühjahr die überstandene Kälte vergessen, so werden die Frauen im Haus aktiv. Die Bettdecken und Kopfkissen erhalten frische Leinenüberzüge; die Bodenbeläge werden aufgerollt und im Freien von starken Armen mit einem Prügel bearbeitet. Die Mauernischen der Zimmer, in denen die wenigen Kostbarkeiten des Hauses aufgehoben sind, wischt man sorglich aus. Da vollmöblierte Wohnungen städtischen Bevölkerungsschichten vorbehalten sind, ist das Abstauben noch kein alltägliches Hausritual. Auch die Pflege der Vorhänge bereitet der Landfrau keine Sorgen. Mit dem Vordringen des Islam waren die Frauen zur Zurückhaltung aufgerufen. Mehr und mehr verschwanden sie aus der Öffentlichkeit. Man umgab die Wohnstätten mit einer Mauer. Zur Straße hin wurde ganz auf Fenster verzichtet, und die

Öffnungen in Richtung Garten sind seither so klein gehalten, dass sie weder der Verhüllung noch der besonderen Betonung bedürfen.

20. Der Aberglaube

Der Islam erhebt Anspruch auf Attribute wie *Vernunftreligion* oder *Religion der Klarheit*. Die Religion gebietet den Glauben im Sinne der göttlichen Offenbarungen, Gebote und Verbote weisen den rechten Weg, die Gläubigen geben sich vollständig in die Hand Gottes.
Man sollte meinen, bei solch absoluter Hingabe bleibe kein Freiraum für eine Abkehr von Gottes Wort und des Propheten Hinweisen. Und doch blüht neben religiöser Frömmigkeit auch der *Volksglaube*. Drücken im Diesseits Furcht und Sorge, so liegen die Wonnen des Jenseits in allzu nebelhafter Ferne. Das Wohlverhalten, das den Weg zum Paradies pflastert, erfährt eine Ergänzung aus den Verheißungen und Hoffnungen des tief wurzelnden *Aberglaubens*.
Ein Quodlibet aus islamischer Aussage mit Überlieferungen von religiös nicht gebundener Art wurde zur Grundlage eines *unrichtigen Glaubens*, der aber so sehr Teil des Lebens darstellt, dass er selbst in den berufenen Männern des Ritus seine Interpreten und Helfer findet.

20.1 Die Dschinnen

Jene bösen Geister, die Unheil über die Menschen bringen, sind die *Dschinnen*. Sie wurden von Gott „aus der Flamme des Feuers" geschaffen (Sure 55,15) und sind die Mittelwesen zwischen den Menschen und den Engeln. Ihren Verstand lenken sie weniger in konstruktive Gedankengänge denn hin zur Verwirklichung von Bosheit und Schaden. Dass sie sich am Jüngsten Tag für ihre Untaten werden verantworten müssen, hält sie nicht davon ab, die Menschen in Angst und Schrecken zu versetzen. Unglück, Krankheit und Tod schreibt man auf die Habenseite ihres befleckten Schuldkontos. Sie sind die Quelle der Furcht.
Nach allgemein verbreiteter Meinung von enger, menschlicher Nähe und hellem Tageslicht nicht viel haltend, hausen sie an dunklen, abgelegenen stillen Orten, die sie jedoch mit der Unruhe ihrer Beweglichkeit beleben. Unter ihresgleichen sind sie übermütig, sie necken einander und wagen zu Trommel und Oboe manch flotten Tanz. Trägt in nächtlicher Stille der Wind aus der Ferne verschwommene Laute herbei, so flüstern die Mütter ihren Kleinen zu: „Hört, Kinder, die Dschin-

nen halten Hochzeit!" Für Mütter und Großmütter erweisen sie sich als Erziehungshilfe. Verhält sich der Nachwuchs nicht im Sinne gestellter Erwartungen, so droht man damit, dass ein Dschinn komme und die Unartigkeit bestrafe.
Sie plagen gleichwohl Menschen wie Tiere. Vor allem den Pferden gönnen die Bösewichte keinen Frieden Das Stampfen der Rösser zu nächtlicher Stunde lässt Schabernack vermuten. Werden die Tiere unruhig, so nimmt man an, die Dschinnen hätten sie bestiegen und jagten sie durch den Stall. Manche Bauern sollen ihren Gäulen am Abend Teer auf den Rücken geschmiert haben, um die Unruhestifter zu fangen und ihre Pferde fortan vor ihnen zu bewahren. Bislang ging noch keiner der Unholde in die Falle; der Glaube an einen Erfolg setzt sich jedoch fort.
Besonderen Horror verbreitet ein weiblicher Dschinn, der alt, hässlich und unordentlich in Erscheinung tritt. Entgegen dem koranischen Hinweis, dass sich eine Frau zu bedecken habe, lässt er in Ungläubigenmanier sein Zottelhaar ohne Kopftuch über Schultern und Rücken herabhängen. Ständig in Bewegung, findet dieser Zimmerdschinn, auch *Alkarisi* genannt, die Häuser mit Wöchnerinnen, denen sie in einem unbewachten Augenblick die Organe ihrer Weiblichkeit aus dem Körper stiehlt, was die jungen Mütter zum Tode verurteilt. Um die dämonische Untat zu vereiteln, lässt man Frauen nach der Geburt weder am Tag noch in der Nacht allein. Ein Stecken liegt bereit, den die Wächterin mit dem Ruf „Dschinn geh!" in alle Ecken stößt. Wird die Wöchnerin trotzdem unruhig und fängt an zu fiebern, so ruft man eiligst einen *Hodscha* herbei, der geeignete Koranverse liest. Man bittet ihn auch, einen frommen Spruch aufzuschreiben. Das Papier wird sorgfältig zu einem kleinstmöglichen Dreieck gefaltet, in ein Stückchen Nessel eingenäht und der Gefährdeten als Talisman angesteckt. Wenn im Hause greifbar, hängt man einen *Koran* über das Bett.

20.2 Gesundbeten

Als „vom Dschinn geschlagen" bezeichnet man einen Kranken, der sich nach einer Apoplexie an die Tortur von Lähmungserscheinungen gewöhnen muss. Wiederum tritt der Hodscha in Aktion. An der Lagerstatt des Leidenden sagt er mit ruhiger Stimme Verse aus dem heiligen Buche auf. In den Sprechpausen bläst er heftig auf das kranke Glied, als wolle er mit der Kraft seiner Lungen die Bewegungsunfähigkeit aus dem Körper jagen. Anschießend wird dem Patienten Ruhe verordnet, damit die Behandlung der frommen Sprüche besser wirken kann. Bevor sich der Geistliche verabschiedet, kritzelt er noch den Wortlaut für einen Talisman auf ein Papier und legt es zusammen. Von einer Familienangehörigen rasch eingenäht, wird das kleine Dreieck dem Kranken angeheftet.

Zu einer Zeit, da die medizinische Versorgung noch nicht garantiert war, da der islamische Geistliche das Alphabetentum eines Ortes oder Stadtteils repräsentierte und als der Gebildete der Umgebung galt, fragte man diesen Gottesmann in allen Kummerfällen um Rat. Er kam in die verschiedensten Häuser, kannte alle Familien mit ihren Charakteren, Zwistigkeiten, Sorgen und Freuden und hatte die Möglichkeit, seine Menschenkenntnis in hohem Maße zu vervollkommnen. Bei akuten wie chronischen Gebrechen um Hilfe gebeten, holte er bei Älteren heilkundliches Volkswissen ein und verfügte mit zunehmenden Lebensjahren über ein gediegenes Repertoire an medizinischen Ratschlägen. Meist besaß er auch die Gabe, aus natürlichen Mitteln Arzneien zuzubereiten.

Im Mittelpunkt seiner Hausbesuche stand jedoch das Wort Gottes. Der Hodscha musste seine *Ayet* flüstern, auf kranke Körperteile blasen, bei Männern die Hand auflegen und Talismane vorbereiten.

Inzwischen ruft man einen Arzt ans Krankenlager. Man hält still für Injektionen und schluckt Pharmazeutika. Trotzdem hat sich der Glaube an die Wirksamkeit des Gesundbetens erhalten. Bringen Pillen oder Krankenhausaufenthalte nicht die gewünschte rasche Genesung, so besinnt man sich auf Ayet und Talisman. Wer wollte auch leugnen, dass ein Gebet einen Vorgang unterstützen kann? Selbst in den Großstädten gibt man die Namen von Hodschas weiter, die sich um Kranke besonders bemühen. Mitunter empfangen sie an regelrechten Sprechtagen die Geplagten, lauschen ihren Klagen und „lesen“ für sie. Der eine oder andere Erfolg stellt sich ein. Versetzt Glaube Berge, so vermag er auch psychogene Krankheiten zu heilen.

20.3 Das Amulett

Obwohl der Text in religiöser Hingabe dem Koran entnommen und auf einen Zettel geschrieben wird, erwartet man von einem Talisman doch den Schutz und die Hilfe eines Zauberspruchs. Ist es Glaube, ist es Aberglaube? Auf jeden Fall erweckt das winzige Kissen Hoffnung, spendet Trost und Zuversicht.

Im Allgemeinen heftet man das Amulett, vom unbeteiligten Betrachter nicht auszumachen, an die Unterwäsche oder die Innenseite der Oberbekleidung. So soll vermieden werden, dass die Umgebung Krankheit und Not wittert. Wer möchte Mitleid oder gar Schadenfreude erregen? Trotzdem sind es nicht immer nur die Betroffenen, die einen Korankundigen um Hilfe angehen. Angehörige und gute Freunde, denen die Bürde eines Nächsten zu schwer erscheint, tragen einem Hodscha ihr Lamento zugunsten des Dritten vor, opfern einen Obolus und bringen dem vom Schicksal Bedrängten den Talisman.

Bleibt man trotz aller Bemühungen ohne Glück, krank, ohne Ehepartner, kinderlos, vom Ehemann betrogen, erfolglos im Handel, mit Siechtum im Stall geschlagen, so können sich Gefühle des Neides und der Missgunst gegenüber Reüssierenden regen. Abstruse Gedanken schleichen sich ins Bewusstsein: Könnte man das Glück dem bislang Begünstigten nicht abspenstig machen? Würde es sich einem vielleicht selbst zuwenden?

Wiederum wird der Hodscha bemüht, dem man klagenreich sein Missgeschick schildert, wobei man nicht versäumt, den Finger gegen den ungerechtfertigt Bevorzugten zu erheben.

Wer kann sich Tragödien verschließen, bleibt von Hilflosigkeit unberührt? Schließlich steckt auch in manchem Gottesstreiter ein Schelm, und die gleiche Hand, die zuvor segensreiche Worte aufzeichnete, schreibt nun Verse der Drohung und der Verdammung. Der Antragsteller nimmt seinen Talisman und bringt ihn in die Nähe des vermeintlich Glücklicheren. Heimlich befestigt er ihn unter dessen Dach oder an einem seiner Tiere; er vergräbt ihn im Garten oder wirft ihn in den Wasserkrug, damit der Beneidete das Üble mit dem Wasser aufsauge. Der *Hodscha* ist nach beiden Seiten willfährig, eigentlich ein Grund zur Brandmarkung. Aber ist es nicht gerade diese Schlitzohrigkeit, die den tief gläubigen Aberglauben ins Licht des unendlich Menschlichen rückt?

Aufgeklärte Kreise lächeln über Gesundbeten und Amulette, jedoch nur sehr zurückhaltend. Alte Gepflogenheiten dieser Art gibt man nicht der Lächerlichkeit preis. Und wer weiß ..., vielleicht bedarf man selbst eines Tages der heilenden Wirksamkeit eines frommen Spruches?

20.4 Der böse Blick

> Sure 113,1/5 – Ich nehme meine Zuflucht beim Herrn ... vor dem Übel des Neiders, wenn er neidet.

Jene Ohnmacht, die erkennen muss, dass der Nächste in irgendwelcher Hinsicht überlegen ist, lässt das Gefühl des Neides heranwachsen. Nach dem Volksglauben ist er es, der Energien entwickelt, die dem Beneideten zum Nachteil gereichen. Ihm entspringt der *böse Blick*, der Glück in Unglück und Heil in Unheil verwandelt, der Menschen erkranken, Herden verseuchen, Pflanzen verkümmern und Vorhaben misslingen lässt.

Die Angst davor liegt den Menschen im Blut. Eine Erklärung des Vorgangs vermag allerdings niemand zu geben. Ruft das Auge des Betrachters Irritation hervor und zeitigt beim Gegenüber Fehlhandlungen, die in die Katastrophe führen? Fürchtet sich der Angesehene vor der stärkeren Persönlichkeit seines Gegenübers, flüchtet in die eigene Schwäche und damit ins Verderben? Setzen böse Gedanken nicht näher zu definierende Kräfte frei, die in die Verdammnis lenken?

Auf den Kern des Ursprungs richtet man kaum die Aufmerksamkeit. Mit Bangen verfolgt man den Wellenschlag der Auswirkungen und ist bestrebt, den Verursacher schicksalhafter Wendungen auszumachen. Da Blicke jedoch nicht sprechen und üble Wünsche auch hinter freundlichen Mienen nisten, ist es anzuempfehlen, sich zu jeder Zeit gegen den bösen Blick zu schützen. Die im Koran gebotene „Zuflucht beim Herrn" unterstützen die Menschen durch Amulette. Als wirksamstes Gegenmittel gelten *blaue Perlen* und *blaue Augen*, das sind Abbildungen von Augen auf blauen Glasperlen oder Glasscheiben.

Besorgte Mütter stecken sie den Neugeborenen ans erste Kopfkissen und Schulpflichtigen ans Gewand. Trag- und Zugtieren hängen sie in Ketten um den Hals, im Kraftfahrzeug baumeln sie vom Rückspiegel. Neben oder über dem Eingang schützen sie Häuser und Wohnungen, Werkstätten und Ställe. Bei Groß und Klein, Arm und Reich gehört das blaue Auge zu den Selbstverständlichkeiten des Alltags.

Daneben bricht auch der Ausruf *Maschallah* den Zauber des bösen Blickes. Mit *Maschallah* verbrämt man die Elogen über das gute Aussehen des Gegenübers, über ein glänzendes Zeugnis, eine Neuanschaffung, gesunde Tiere, ertragreiche Pflanzen, kurz alles, was positiv zu Buche schlägt. Besonderen Effekt erhofft man sich von dem verstärkenden

Diktum „41 Mal *Maschallah*". Zunächst ist es der Lobende, der sich mit dem lautstarken „Gott hat es so gewollt" die Absolution von dem Vorwurf erwerben will, den bösen Blick auf Qualitäten oder Besitz eines anderen geworfen zu haben. Da man aber nie darauf bauen kann, dass die Beteuerungen des Gesprächspartners einer edlen, lauteren Denkungsart entspringen, versichert man sich selbst durch ein in Gold, Silber oder Messing gestanztes *Maschallah*, das man neben dem blauen Auge als Talisman trägt.

20.5 Die Heiligenverehrung

Gottesfürchtigen Männern, die zu Lebzeiten ihrer Umgebung ein Beispiel tadelfreien Lebens gegeben hatten und denen vergönnt gewesen war, ans Wunderbare grenzende Gebetserhörungen zu verzeichnen, wird nach ihrem Ableben mitunter der Respekt der *Heiligkeit* zuerkannt. Ihre Gräber werden auch dann noch gepflegt, wenn man Nachkommen aus ihrer Familie längst nicht mehr nachweisen kann. Man erwartet von ihnen Hilfe weit über ihren Tod hinaus.

Im Volksglauben genießen sie einen Status besonderer Art. Sie gelten als Gottes auserwählte, geliebte Diener. Wohl ist ihr Leib im Grab längst wieder zu Erde geworden. Jedoch ihre Seele verharrt nicht in jenem ruhenden Wartezustand, aus dem sie am Jüngsten Tag erweckt werden sollte; sie lebt und besitzt besondere Kräfte, um Heilungen anzubahnen und Wunder zu vollbringen.

Die moderne Ratio rümpft darob die aufgeklärte Nase, und die Strenggläubigkeit duldet diese Anhänglichkeit nur unter der strikten Bedingung, dass keine Anbetung erfolgt; denn Adoration steht allein *Allah* zu. Das Volk jedoch verehrt seine Heiligen in der gefestigten Überzeugung, dass man vor ihnen alle Sorgen und Bitten ausbreiten darf und dabei immer hoffen kann, dass sie sich als Fürsprecher bei Gott einschalten.

Einzeln und in Gruppen pilgert man zur Grabstätte, spricht Gebetsverse, trägt seine Nöte vor und bittet um Heilung von Leiden, um Kindersegen oder die Bereinigung von Zwistigkeiten. Sicher kann man auch an den Ortsgeistlichen seine Klagen weitergeben. Aber der *Heilige*, jenseits des irdischen Daseins, steht in dem Ruf, verständnisvoll, geduldig und entgegenkommend zu sein.

Frauen und Mädchen nehmen hin und wieder Abschied von Arbeit und

Männerwelt und ziehen an das Heiligengrab ihrer Umgebung. Zu ihren Sorgen packen sie ausreichend Speise und trank in umfangreiche Körbe und feiern unter dem Schutz des Heiligenbesuchs eine Klein-Wallfahrt mit Picknick. Mit jeder Bitte, die sie vorbringen, binden sie einen Stoffstreifen an den Ast eines Baumes, der in Grabesnähe steht, oder – wenn das Grab von Gittern umgeben ist – an dessen Stäbe. In jenen Tagen, da man aus Gründen der Sparsamkeit sein Gewand so lange trug, bis es sich in Stücken vom Körper löste, riss man einen Fetzen ab und band ihn zur Bekräftigung der mündlich vorgebrachten Petition fest. Heute versorgt man sich bereits zu Hause mit einem entsprechenden Textilstreifen.

Junge Frauen, mehr als ein Jahr verheiratet und noch ohne Zeichen sich regenden Nachwuchses, basteln vor dem Besuch beim Heiligen eine kleine Wiege, oft sinnbildlich nur aus zwei Stäbchen mit einer Stoffverbindung bestehend, gleich einer winzigen Bahre, und formen aus Stoffrestchen ein Püppchen, das sie darauf betten. Sie wiegen das symbolhafte Spielzeug am Grab, damit der Heilige ihre Sehnsüchte erkenne und Mitleid mit ihnen bekomme.

Hat man sich seiner Anliegen entledigt, so fühlt man sich von seelischem Druck befreit. Zart knospen die Gedanken keimender Hoffnung; sie geben Zuversicht, richten auf. Nach geruhsamem Mahl lösen sich die Zungen. Frohe Lieder folgen den Gesprächen, die Jüngeren gruppieren sich zum Tanz. Über der Heiterkeit ist man fast versucht, den Grund des Unternehmens zu vergessen. Ungeachtet dessen, was die Zukunft bringen mag, erfreut man sich des Augenblicks, genießt die Trennung vom bürdenreichen Alltag.

In der Nähe der Städte, wo die Kunst der Floristen gedeiht, lässt man Blumen binden und ordnet sie, die Bitte eingeschlossen, am Heiligengrab. Glitzernde Büschel von Lametta werden dem Heiligen mitunter als Wunschbeigabe, um ihn geneigt zu stimmen, auf die letzte Ruhestatt gelegt. Mancherorts entzünden die Bittsteller auch Kerzen.

20.6 Das Regengebet

Im islamischen Kulturraum sind die Sommer heiß, und anhaltende Trockenperioden gefährden die Ernten. Wasserreiche Flüsse hat man zwar längst angezapft und leitet ihr fruchtbarkeitsspendendes Nass in die Felder. Bleibt jedoch der Himmel über längere Zeiten so wolkenlos,

dass in der Dürre nicht einmal mehr die Frösche einen Tümpel zum Überleben finden, so erwarten die sorgengeplagten Landleute ein Wunder von einem *Regengebet*.
Nach einer der Gebetszeiten, die den Tag über die Gläubigen in der Moschee versammeln, formiert man sich zu einem Zug, der sich aus dem Ort hinausbewegt. Ist die Umgebung hügelig, so ersteigt man unter Anführung des *Hodschas* die höchste Erhebung, weil die Annahme herrscht, von dort aus Gott näher zu sein. Der Hodscha spricht einige Koranverse, die Wirkung erwarten lassen, und fleht dann in freier Formulierung: „Allah, erbarme dich derer, die hier versammelt sind; haben sie gefehlt, so vergib ihnen; Allah, schicke uns Regen!" Im Chor sekundiert die Gemeinde mit einem abschließenden *Amin*.
Für das Unternehmen eignet sich jeder Tag der Woche. Vornehmlich wählt man jedoch den Freitag, jenen speziellen Tag, an dem sich von der Kanzel herab die Prediger vor oder nach dem Mittagsgebet mit Unterweisungen an die versammelten Gläubigen wenden. Die Bittsteller sind überzeugt, dass Regengebete am Freitag besondere Wirkung erzielen können.

21. Die Bedeutung der Wissenschaft im Islam

Nach der Offenbarung des Islam und der Stiftung der neuen Religion erlebte der islamische Kulturkreis eine beeindruckende Zeit der Blüte. Mit jenem Idealismus, der die Glaubensstreiter durch die Hoffnung auf reichen Lohn im Jenseits zum Kampf beflügelte, ließ sich die Religion rasch ausbreiten. Erst Karl Martell gelang es, ein Jahrhundert nach dem Tode des Propheten den Siegeszug der Araber in Europa aufzuhalten. Aber zu jener Zeit war Nordafrika bereits den Kämpfern der neuen Lehre zugefallen, im Osten war die Ausbreitung über das Zweistromland und Persien hinaus gelungen, und der Halbmond wehte zwischen der Iberischen Halbinsel und dem Indus. Islamischer Korpsgeist hielt zusammen, das Wort Gottes wurde Aufforderung und Befehl.
So nahm man auch im geistigen Bereich die koranische Aussage genau, und neben dem grundsätzlichen, an den Propheten ergangenen Gottesbefehl „Lies!" fand noch der folgende Hadith Beachtung: „Und wenn ihr die Wissenschaften in China suchen müsstet, solltet ihr hingehen, um sie zu finden."
Diese Hinweise wurden Ausgangspunkt für einen immateriellen Aufstieg. Ehrlich genug, sich die Erkenntnisse anderer Völker als Basis aufzubereiten, ließ man all jene Schriften übersetzen, derer man bei den religiösen Kriegszügen habhaft werden konnte. Die wissenschaftlichen Sparten des Frühmittelalters fanden Pflege und blieben nicht absolut Vorrecht einer herausragenden Clique. Die bandreichen Bibliotheken erlangten Berühmtheit, ihre Werke standen allen Lesekundigen zur Verfügung. Islamisch-wissenschaftliche Folianten drangen bis in die Gelehrtenstuben des Abendlandes vor. Bereits im ersten Jahrhundert des islamischen Kalenders wurden neben Moscheen auch Lehranstalten gebaut, und das nicht nur in den Städten. Hier mag das Vorbild des Propheten Mohammed eine Rolle gespielt haben, der ja nach seiner Auswanderung aus Mekka in seinem neuen Wohnort Medina eine kleine Moschee errichten ließ, deren Anbau als Schule verwendet wurde. Unterrichtsgegenstand blieb vornehmlich der Heilige Koran, über sein Studium drangen Jungen und Mädchen in die Schrift und in die Grammatik der arabischen Sprache ein.
Nun zeichnet sich die Sprache des Koran nicht nur durch lyrische Schönheit aus. Ihre Aussage ist bildreich und informationsträchtig. Ist am Worte Gottes selbst nicht zu rütteln, so bleiben doch Möglichkei-

ten verschiedener Auslegung offen. Das Koranstudium konnte sich schließlich nicht mehr im Memorieren der Suren erschöpfen. Die Weitergabe der zu befolgenden Hinweise verlangte Einigung in der Meinung über deren Gehalt, die Heranbildung von Islamwissenschaftlern wurde zur Notwendigkeit.

Zunächst bediente man sich der Gotteshäuser selbst als Unterrichtsstätten, später wurden *Medresen* eingerichtet. Diese vorzugsweise den größten Moscheen angeschlossenen Lehranstalten, die auf dem Niveau heutiger Gymnasialoberstufen und Universitäten das Wissen ihrer Ära vermittelten, boten als grundlegendes Fach die Koranexegese an, gefolgt von den Traditionswissenschaften, die sich die Erforschung des Hadith zum Ziel gesetzt hatten. War es zunächst der Reiz gewesen, über die Aussprüche und Taten des großen Propheten genauer in dessen Lebenssphäre einzudringen, so stellte sich gar bald die Notwendigkeit heraus, die Rechtsprechung, die auf koranischen Gesetzen basierte, mit vorbildlichen Verhaltensformen und Sentenzen Mohammeds zu ergänzen.

Die Hadithliteratur war nach dem Tod des Propheten wild gewuchert, denn um bestehende Missstände zu ändern, legte man dem Gesandten Gottes gerne die eigene Meinung in den Mund. Hier Echtes von Unechtem, Wahres von Unwahrem zu trennen, war kein leichtes Unterfangen. Schließlich erkannte man nur noch Aussprüche und Lebenssituationen dann an, wenn sich die Kette der Tradierenden lückenlos zurückverfolgen ließ.

Das Studium von Koran und Hadith war Voraussetzung für das islamische Recht und wurde von den meisten Studierenden betrieben, war es doch die Bedingung für ein Lehramt genauso wie für eine bevorzugte Staatsstellung. Neben den Religionswissenschaften enthielt das Lehrangebot über Jahrhunderte noch die Fächer Geschichte, Geographie, Philosophie, Physik, Chemie, Mathematik, Astronomie, Medizin und Literaturgeschichte. Als Unterrichtssprache galt Arabisch. Die Leitung einer Medrese übertrug man einem herausragenden Rechtsgelehrten, dem von zahlreichen Assistenten Unterstützung zuteil wurde. Unkosten entstanden den Studierenden im Allgemeinen keine, denn die Ausgaben wurden von Spenden gedeckt, die diesen islamischen Hochschulen zuflossen. Als Lehr-, Lern- und Wohnstätten beherbergten sie die jungen Männer, von denen ein jeder seine eigene Zelle beziehen durfte. Den Kern der Gebäude umgaben noch Bibliotheken, Krankenhäuser, Bäder und *Imarete*, jene Großküchen, die nicht nur die Universitätsangehörigen, sondern auch viele Arme speisten; außerdem boten sie

Reisenden bis zu drei Tagen kostenfrei Unterkunft und Verpflegung. An geeigneter Stelle behielten sich die Stifter den Bau einer *Türbe*, eines eigenen Grabmals, vor. Ihren Ausgang hatten die Medresen im Iran genommen. Auf anatolischem Boden errichteten erstmalig die Seldschuken Universitäten, und zwar in Kayseri, Konya, Sivas und Erzurum. Zur Zeit der Osmanischen Herrscher gesellten sich verschiedene neuere Bauten dazu, deren wichtigste noch heute in Istanbul aufzuspüren sind.

Leider folgte dem Höhenflug der Aktion die Stagnation der Reaktion; die Orthodoxie führte zur Erstarrung. Der Fächerkatalog der islamischen Universitäten verringerte sich, das Volk erachtete die Künste des Lesens und Schreibens für den Lebenskampf als unwichtig, die Volksschulen wurden in den Städten kaum besucht, auf dem Lande gar nicht mehr erst eingerichtet. Besonderen Wert legte man natürlich auf die Ausbildung der führenden Kaste, so dass schließlich der ausgewählten Oberschicht von Regierenden, Militärs, Diplomaten und Beamten die Masse des kaum gebildeten Volkes gegenüberstand. Als nach dem Ersten Weltkrieg die Türkei vom Sultanat zur Republik umgestellt wurde, machte zum Beispiel die Zahl der Analphabeten in Anatolien und Thrazien mehr als 90 % aus. Die Zeit war in den Industriestaaten dem Mondjahr davongeeilt.

Inzwischen ist die Wertschätzung nicht nur der religiösen, sondern auch der Profanwissenschaften wieder in den Vordergrund gerückt, das ehrliche Bemühen der Forscher erfährt hohe Anerkennung. Dass Menschen mit gediegenem Bildungshintergrund dank ihrer Denkschulung Gutes von Bösem, Wahres von Schalem, Präzision von Indifferenz zu unterscheiden vermögen, drückt auch der Koran aus:

> Sure 39,9 – Sind solche, die wissen, denen gleich, die nicht wissen?

Außerdem sollte der Bildungsfähige seine Vorzugsstellung anerkennen:

> Sure 2,269 – Und wem da Weisheit gewährt ward, dem ward wahrhaftig reiches Gut gewährt.

Dem also Begabten obliegt die Pflicht, dieses Gut zu mehren. „Der Schaffende ist ein Freund Gottes" lautet ein Hadith. Erfolge sind nur über stetes Bemühen zu konsolidieren.

Die in der islamischen Welt staatlich mehr oder weniger garantierte Chancengleichheit für Jungen und Mädchen bei Schulbesuch und Studium ist keineswegs das Ergebnis säkular-dekadenter Denkweise; denn die islamische Tradition fordert: „Die gläubigen Männer und Frauen sind verpflichtet, nach Wissen zu streben." Ein wahrhaft Gläubiger sollte sein Lebensziel in Arbeit, Lernen und Lehren sehen.

22. Die Stellung des Islam innerhalb der Religionen unserer Zeit

22.1 Die Religionsgruppen

Aus islamischer Sicht sind die Religionen unserer Erde in zwei Gruppen einzuteilen, in *unrichtige* (im Sinne von *unwahr*) Religionen und *wahre* Religionen.
Unwahre Religionen wurden nicht von Gott über Offenbarungen eingesetzt, sondern von Menschen geschaffen, etwa der Brahmanismus, der Hinduismus, der Buddhismus oder der Parsismus.
Wahre Religionen hingegen wurden von Gott über die Propheten den Menschen offenbart. Sie sind durch folgende Eigenschaften ausgezeichnet:

- Als monotheistische Religionen erkennen sie die Existenz des *Einen* Gottes an; dessen Anbetung stellt Religionsgrundlage dar.
- Der Glaube an den *Jüngsten Tag* ist Bedingung.
- Der von Gott ausersehene *Prophet*, der als „Mund Gottes" die Anordnung des Höchsten weitergibt, wird agnosziert.
- *Heilige Bücher* verwahren das Wort Gottes.
- Die *Engel* sind Bestandteil der Glaubenslehre.
- Es gibt keine Thesen, die sich mit der Denkweise logischen Verstandes nicht vereinbaren ließen *(Vernunftreligionen)*.

Die einzige Religion, die sich in unseren Tagen all dieser Attribute rühmen kann, ist der Islam; denn die beiden anderen, ursprünglich von Gott als wahre Religionen offenbarten Lehren des Judentum und des Christentum erfuhren im Verlauf der Zeit Veränderungen. Dieser Verfälschungen wegen nennt der Islam sie *entstellte Religionen* (im Sinne von *nicht rechtgläubig*).

22.2 Das Judentum aus der Sicht des Islam

Das Judentum wurde einst dem Propheten *Musa* (Mose) mitgeteilt und in der *Tora*, dem heiligen Buch der Juden, schriftlich fixiert. Jedoch wurden der Urtext nicht bewahrt, die Glaubensgrundlagen und Formen des Gottesdienstes in mancher Weise revidiert und schließlich verschiedene Fassungen der Tora verbreitet, so dass die heutige Schrift nicht mehr den von Gott über Mose in die Welt gesandten Wortlaut enthält. Das Judentum hat damit den Anspruch einer wahren Religion verloren. Obwohl Judentum und Islam Gemeinsamkeiten in der Verehrung des Gottes Abrahams, in der Anerkennung göttlicher Gebote und Verbote vertiefen, erfahren folgende Glaubensgrundlagen Ablehnung:

- *Yehova* gilt nur als Gott des Volkes Israel.
- Als Propheten werden, mit Mose beginnend, nur jene Männer akzeptiert, die den Israeliten gesandt wurden.
- Den Juden können bis ans Ende der Welt noch weitere Propheten gesandt werden. Der letzte Prophet, der *Messias*, wird als Retter auftreten und dem jüdischen Volk zur Herrschaft über die Welt verhelfen.
- Außer der *Tora* lehnt das Judentum weitere heilige Bücher ab.
- Die Vorstellungen von den *Engeln* sind verschieden; manche konfessionellen Gemeinschaften verneinen ihre Existenz vollständig.
- An sechs Tagen wird gearbeitet, der siebte Tag – der *Sabbat* – ist dem Dienst an Gott gewidmet.
- Zahlreiche Sekten weichen in ihren grundsätzlichen Aussagen voneinander ab; manche negieren ein Weiterleben nach dem Tod.
- Die Juden betrachten sich als das auserwählte Volk und verstehen ihren Glauben in diesem Kontext.

22.3 Das Christentum aus der Sicht des Islam

Die von Isa (Jesus) verkündete Religion heißt Christentum. Der Text des heiligen Buches der Christen – der Bibel – blieb ebenfalls nicht in der Originalfassung erhalten. Mit der Zeit wurden Bücher verbreitet, die kaum mehr die Grundlagen der Religion enthielten. Das Auffinden verschiedener Testamente machte die Konfusion perfekt. Deshalb berief der römische Kaiser Konstantin I. im Jahre 325 ein Konzil nach Isnik (Nicäa) ein, in dessen Verlauf auch die bislang gesammelten Fertigungen von Testamenten geprüft wurden. Da nicht mit Bestimmtheit festzustellen war, welche der vielen Aufzeichnungen man als die originale Darstellung der Lehre Christi anerkennen konnte, sanktionierte die Versammlung jene vier Evangelien, die sich in ihren Inhalten am weitestgehenden glichen. Eine vollkommene Übereinstimmung wird jedoch nicht erreicht, da die Aufzeichnungen lange nach Jesu Tod vorgenommen wurden. Durch diese Unsicherheiten hat das Christentum die Eigenschaften einer wahren Religion verloren.

Im Einzelnen kann der Islam Folgendes nicht anerkennen:

- Die Trinität beschreibt die Vereinigung dreier Wesen (Vater, Sohn und Heiliger Geist) in Gott.
- Für manche gottesdienstliche Handlungen bedarf es des Priesters und des Gotteshauses.
- Sündenbekenntnis und Reue vermögen die Vergebung durch den Priester zu bewirken.
- Menschen werden sündhaft geboren; erst das Ritual der Taufe zur Aufnahme in die Gemeinde der Gläubigen kann sie von ihren Sünden reinwaschen.
- Die Anschauungen der Konfessionen stimmen mitunter nicht einmal in grundsätzlichen Aussagen überein.
- Dem Papst steht das Recht des Exkommunizierens zu.

22.4 Die Überlegenheit des Islam als wahrer Religion

Der Stellenwert, den der Islam innerhalb der Religionen dieser Erde für sich in Anspruch nimmt, ist von ausgeprägtem Selbstbewusstsein diktiert. Zu dieser Einstellung verhalfen die Tatsachen, dass der Koran im Urtext erhalten blieb, dass Mohammed als letzter Prophet berufen wurde, und dass der Islam bis zum heutigen Tag die letztgestiftete Religion darstellt. Seine Ausschließlichkeit ist im Koran nachzulesen: „Und wer eine andere Glaubenslehre sucht als den Islam: nimmer soll sie von ihm angenommen werden, und im zukünftigen Leben soll er unter den Verlierenden sein" (Sure 3,85). „Wahrlich, die (wahre) Religion vor Allah ist Islam" (Sure 3,19). Die Hingabe an diese Religion bedeutet die einzige Rettung für ihre Gläubigen.
Einige weitere Beweise ihrer Überlegenheit sollen die nachfolgenden Einzelheiten liefern:

- Andere Religionen wurden für bestimmte Gruppen von Menschen auf eine bestimmte Zeit geschickt. – Der Islam wurde allen Menschen gesandt und wird bis zum Jüngsten Tag fortdauern.

- Der Glaube an *alle* Propheten und *alle* offenbarten Heiligen Bücher ist Dogma.
- Der islamische Gottesbegriff wird von den einzig richtigen Überlegungen expliziert: Allah der *Eine* und *Einzige* ist der Gott aller Menschen. Er besitzt die Macht, alles zu lenken, was innerhalb und außerhalb unseres Denk- und Vorstellungsvermögens liegt. – Die Trinität wird abgelehnt, denn eins ist nicht drei, und drei kann nicht eins sein.
- Die über den Propheten Mohammed mitgeteilten Leitlinien von Glauben und Gottesdienst wurden in ihrer Originalität bewahrt.
- Die Urquelle des Islam – der Koran – hat sich ohne geringste Veränderung in die Gegenwart erhalten und wird bis zum Jüngsten Tag unverfälscht bleiben.
- Nach islamischem Gebot darf man an allen Tagen des Jahres seinen Beschäftigungen nachgehen; die rituellen Verpflichtungen unterbrechen die Arbeit und geben den Menschen neue Kraft für ihre Tätigkeiten.
- Der Islam gesteht keinem Volk Überlegenheit in irgendwelcher Hinsicht zu; höchste Einschätzung erfahren jene Menschen, die Gottes Geboten und Verboten am weitestgehenden nachkommen.
- Die vier islamisch-konfessionellen Gemeinschaften (Schafiiten, Hanafiten, Hanbaliten und Malikiten) folgen zwar den Rechtshinweisen vier verschiedener Rechtsschulen, erkennen aber von vornherein die fundamentalen Glaubenssätze an.
- Der Islam als Religion der Gemeinschaft empfiehlt zur Gebetsverrichtung das Aufsuchen der Moschee, verpflichtet aber nicht dazu. Seinem Gottesdienst kann man überall auf Erden dort nachkommen, wo saubere Stellen sind.
- Der Mensch ist mit seinen Handlungen dem Schöpfer verantwortlich und muss mit seinen Taten vor Gott bestehen. Die Vergebung von sündigem Fehlverhalten liegt allein beim Höchsten.
- Die Neugeborenen der muslimischen Gläubigen kommen sündenfrei zur Welt; Sünder werden sie erst durch ihre eigenen Verfehlungen.
- Niemand besitzt die Kompetenz, einen anderen aus der Gemeinschaft von Gläubigen auszuschließen. Der Mensch besorgt das höchstens selbst über seinen eigenen Unglauben.

Im Vergleich mit anderen Religionen ist der Islam – aus der Sicht seiner Anhänger – mit entschiedenen Vorteilen ausgestattet. Der Prophet macht hierzu eine klare Aussage: *„Der Islam erhöht und lässt sich nie an Höhe übertreffen."*

23. Feiertage und Heilige Nächte im Islam

Als Abschluss des Fastens im Monat Ramadan wird drei Tage lang das *Ramadanfest* oder *Fest des Fastenbrechens* (türk. Scheker Bayrami = Zuckerfest) gefeiert.
Zwei Monate und zehn Tage später begeht die islamische Welt das viertägige *Opferfest* (türk. Kurban Bayrami), das auf Abraham und Ismael zurückgeht (nach muslimischer Auffassung erhielt Abraham von Gott den Auftrag, nicht Isaak sondern Ismael zu opfern).
Da diese beiden hohen Feste dem Mondjahr folgen, schieben sie sich im gregorianischen Kalender jedes Jahr um zehn Tage nach vorn. Am Zuckerfest schenkt und verteilt man Süßigkeiten in jeder Form. Das Opferfest hat das Schlachten eines Tieres (Schaf, Rind, Kamel) am frühen Morgen zum Anlass. Ein Drittel des Fleisches wird an die Armen verteilt.
Beide Feste beginnen mit dem Festtagsgebet am Morgen des ersten Feiertags. Vornehmlich die männlichen Gläubigen versammeln sich dazu in den Moscheen. In Festtagsstimmung legt man neue, zumindest aber saubere Kleider an. Verwandte und Freunde besuchen sich gegenseitig. Die Kinder küssen den Erwachsenen zum Glückwunsch die Hand, dafür erfreut man sie mit kleinen Geschenken. Arme und Kranke erhalten Zuwendungen. An den Gräbern gedenkt man der Toten und betet für sie.
Das Brauchtum unterstreicht alles, was die geschwisterliche Verbindung zum Nächsten verstärken kann. So gelten beide Feste als Zeit der Versöhnung. Streitende sollten ihre Händel begraben und Frieden schließen. Schändlichen Verhaltens macht sich schuldig, wer zum Ausgleich nicht bereit ist (vgl. ausführlicher Kapitel 9: Die Festtage). Neben diesen beiden kanonischen Festen kennt man noch einige Heilige Nächte:

- Die *Kadir-Nacht*:
  In der 27. Nacht des Fastenmonats Ramadan wurde der Koran herabgesandt.

- Die *Mevlit-Nacht* (Geburtsnacht):
  Am 12. Tag des dritten Monats im Jahre 571 (nach christlicher Zeitrechnung) wurde der Prophet Mohammed in den frühen Morgenstunden geboren.

- Die *Ragaip-Nacht* (Empfängnisnacht):
  Der erste Freitag im siebten Monat gedenkt Amina, der Mutter des Propheten, die in dieser Nacht mit Mohammed schwanger wurde.

- Die *Miradsch-Nacht* (Himmelfahrt des Propheten):
  Die 27. Nacht des siebten Monats erinnert an Mohammeds Aufstieg in den Himmel, wo er Gott schauen durfte.

- Die *Berat-Nacht*:
  In der 15. Nacht des achten Monats erfuhr Mohammed, dass er zum Propheten ausersehen sei. Bei Bereuung ihrer Sünden und Bitte um Vergebung können den Muslimen in dieser Nacht von Gott ihre Missetaten verziehen werden.

In den Heiligen Nächten werden besondere Gebete gesprochen, die Gläubigen eilen verstärkt zur Moschee. Im Anschluss an die verlängerten Gottesdienste drücken sie sich gegenseitig ihre Glückwünsche aus. Auch die Armen werden wiederum nicht vergessen.

24. Der Wandel

Islam und Alltag – in weiten Teilen der Regionen durchflutet nach wie vor die Religion die Lebenseinstellung, reglementiert die Überlieferung das Dasein.
Darüber sind jedoch Veränderungen nicht zu übersehen. Industrialisierung und Zivilisierung laufen dem Mondjahr davon. Einst landwirtschaftlich genutzter Boden verfällt der Gründung von Unternehmen und dem Wohnungsbau. Die Großfamilie schrumpft, der Zusammenhalt wird lockerer, weil die einzelnen Mitglieder in den Städten oder in fremden Ländern Beschäftigung suchen. Die Einwohnerzahlen in den Großstädten steigen in beängstigender Weise an, die Armenviertel an den Stadträndern weiten sich aus. Arbeitslosigkeit der Männer und hohe Inflationsraten locken Hausfrauen, die sich bislang an den Herd gebunden fühlten, in Ämter und Banken, in Fabriken und Haushalte. Die Mädchen drängen zu den Universitäten, in gehobene Berufe und leitende Stellungen. Ein eigenes Einkommen vermittelt ein höheres Selbstwertgefühl, sie erwarten für sich mehr Mitspracherecht und irritieren ihre Ehemänner durch Selbstsicherheit.
In den Schulen bahnt sich die Erziehung zur Diskursfähigkeit an; die Unterordnung weicht vorsichtiger Meinungsäußerung und bringt die sicheren Fundamente der patriarchalischen Familienstruktur zum Beben.
Jungen und Mädchen sitzen im gleichen Klassenzimmer, und der schulische Wettbewerb lässt erkennen, dass das männliche Geschlecht nicht unbedingt intelligenter und schon gar nicht fleißiger ist als das weibliche. Über den entsprechenden Vergleichsmöglichkeiten wird die frauliche Zurückhaltung zur äußeren Form, zum bloßen Höflichkeitserweis.
Der Einfluss westlicher Lebensart verfälscht manches Brauchtum. Man versucht, die Akteure von Film und Fernsehen nachzuahmen, darüber wird Altgewohntes in Frage gestellt. Materialistisches Denken macht die Spenderhand zögern, in den Touristenzentren weicht die gastfreundliche Großzügigkeit berechnendem Geschäftssinn.
Traktor und Mähdrescher schieben sich in den Dörfern zwischen die ehemals in Gemeinsamkeit arbeitenden Menschen. Wasserleitungen ersetzen den Brunnen, Gasflaschen die offene Feuerstelle, der Schnellkochtopf wagt sich in die Nähe des Kupferkessels. Der Wandel geht nur

langsam, fast unbemerkt vor sich, denn gut Ding will Weile haben; aber er ist nicht mehr zu übersehen.

In den Städten, vor allem den Großstädten, ändert sich die Wohnmanier. Unverheiratete, berufstätige Frauen lösen sich von der Familie und schockieren ihre Angehörigen mit dem Anmieten eigener Appartements; Männer und Frauen leben in freier Partnerschaft zusammen; Mädchen nutzen die vorübergehende Versorgtheit einer Freundin. Der Klatsch ergötzt sich, die Informantinnen bekommen glitzernde Augen, jedoch nach außenhin erfahren die Außenseiterinnen keinerlei Nachteile.

Steigendes Warenangebot weckt Wünsche, und Wünsche wollen befriedigt werden. Fehlen dazu die Mittel, so besinnen sich Frauen auf ihre rein weiblichen Möglichkeiten, die Münzen zum Klingen zu bringen. Muslime verschließen plötzlich die Augen vor den Gesetzen religiöser Rechtleitung, vergessen, dass sie „ihre Keuschheit wahren sollen" (Sure 24,30) und reihen sich unter die *Tele-Mädchen* ein, Damen, die auf Abruf für Romanzen bereitstehen. Der einst unantastbare Ruf der Großstädterinnen sank in trüben Schlamm. Fortschreitende Säkularisierung bewirkt die Änderung von ehemals unverrückbar scheinenden Sitten.

Andererseits wächst die Zahl jener Frauen, die dem koranischen Gebot, sich zu verhüllen, mehr Beachtung schenken als staatlichen Bekleidungsvorschriften, die nicht nur zu Kopftuch und langem Mantel, sondern wieder zur Bedeckung bzw. Verschleierung greifen. Die Kluft zwischen Fundamentalismus und Moderne, zwischen Moral und Immoralität wird immer tiefer. Konservative beklagen die lockeren Sitten, Emanzipierte den scheinbaren Rückschritt. Der Gesprächsstoff geht nie aus.

Trotz aller Kontroversen werden sich allerdings bestimmte Verhaltensweisen noch lange erhalten, wird vor allem *eine* islamische Eigenschaft politische Tendenzen, pädagogische Zielsetzungen, technischen Fortschritt und zivilisatorischen Rummel überdauern: die Hinwendung zum Nächsten, das Aufgeschlossensein für die Freuden und Nöte des anderen. Das Gefühl der Zusammengehörigkeit wird noch manche Veränderungen überdauern; denn:

Sure 49,10 – Die Gläubigen sind ja Brüder.

Literatur zum Thema

Koranübersetzungen:

- Der Koran. Übersetzung von Adel Theodor Khoury. Unter Mitwirkung von Muhammad Salim Abdullah, Originalausgabe Gütersloh 1987.
- Der Koran. Arabisch-deutsch. Aus dem Arabischen von Max Henning. Überarbeitet und herausgegeben von Murad Wilfried Hofmann, Kreuzlingen/München 2001.

Religionswissenschaftliche Einführungen:

- Adel Theodor Khoury: Der Islam. Sein Glaube – seine Lebensordnung – sein Anspruch, Originalausgabe Freiburg i. Br. 1988, [6]2001.
- Jamal J. Elias: Islam, Freiburg i. Br. 2000.

Interreligiöser Dialog:

- Was jeder vom Islam wissen muss. Herausgegeben vom Lutherischen Kirchenamt der Vereinigten Evangelisch-Lutherischen Kirche Deutschlands und vom Kirchenamt der Evangelischen Kirche in Deutschland, Gütersloh [5]1995.
- Alain Brissand: Islam und Christentum. Gemeinsamkeit und Konfrontation – gestern und heute, Düsseldorf 2002.
- Muzaffar Andac: Einladung zum Islam. Ein Vergleich zwischen Bibel und Koran aus der Sicht eines Muslims, 2000.
- Hans Chr. Gossmann: Wer ist mein Nächster? Biblische Zugänge zum christlich-islamischen Dialog, 2001.

Themen:

- Tahar Ben Jelloun: Papa, was ist der Islam? Gespräche mit meinen Kindern, Berlin 2002.
- Farideh Akashe-Böhme: Die islamische Frau ist anders. Vorurteile und Realitäten, Gütersloh 1997.

- Andreas Meier: Politische Strömungen im modernen Islam. Aktualisierte Neuauflage, Wuppertal 2001.
- Peter Heine: Allah und der Rest der Welt. Die politische Zukunft des Islam, Frankfurt 2000.
- Bassam Tibi: Der Islam und Deutschland. Muslime in Deutschland. München ^{2}2001.
- Bassam Tibi: Islamische Zuwanderung. Die gescheiterte Integration, München 2002.
- Ursula Spuler-Stegemann: Muslime in Deutschland. Informationen und Klärungen, aktualisierte Neuausgabe, Freiburg i. Br. 2002.

Kurzfassungen Islam:

- Adel Theodor Khoury, Ludwig Hagemann und Peter Heine: Islam-Lexikon A–Z. Geschichte – Ideen – Gestalten, überarbeitete Neuausgabe, Freiburg i. Br. 1999.
- Thomas Lemmen: Basiswissen Islam, Gütersloh 2000.
- Melanie Miehl: Basiswissen Mohammed, Gütersloh 2000.

Sach- und Personenregister

Koransuren-Register

Bildquellenverzeichnis

(wenn nicht direkt im Anschluss an die betreffende Abbildung angegeben)

- S. 97 o. li.: Tokapi-Museum, Istanbul/o. re.: Sammlung J. Soustiel/u.: Nationalbibliothek, Paris.
- S. 98 o./u. li.: Sammlung J. Soustiel/u. re.: Robert Harding Picture Library, London.
- S. 99 o.: Laziz Hamani/u.: Vera Krause, Münster.
- S. 100: Mohammed Amin von Camerapix, Nairobi.
- S. 101 o.: Bildagentur Mauritius/ASAP.
- S. 102–104: Vera Krause, Münster.

Der Verlag war bemüht, alle Rechteinhaber für die Abbildungen nach bestem Wissen und Gewissen zu ermitteln; trotz intensiver Bemühungen konnten nicht alle Inhaber ermittelt werden. Wir bitten die Betreffenden, sich beim Verlag zu melden.